Beate Wedekind
Geboren und
wohnhaft in Kiel
Schleswig-Holstein

AF145286

Mops, Fiete (Junior), verlässt im Alter von fünf Monaten sein Geburtshaus, landet in einer „gemischten WG", mit zwei „Erziehungsberechtigten", und zwei Katern. Diese Beiden hält er für äußerst merkwürdige, überkandidelte, eitle Hunde, die von „Auswärts" kommen müssen, was er aus den fremden Sitten und Gebräuchen schließt, die sie praktizieren. Sein Unverständnis, bzgl. des Getue und Gehabes, macht die Verständigung nicht unbedingt einfacher. Ewige Missverständnisse sind Programm. Und dann auch noch, „Mamas" diverse Eigenwilligkeiten, und ihre Erziehungsresistenz. „Papa ist da ja ganz anders, viel lernfähiger! Nur gut, dass Fiete ein friedliebendes Mops-Gemüt, und „Papa", zum Verbündeten hat. Bei der Aufarbeitung seiner Eindrücke, plaudert er, hemmungslos bis frech, stellenweise naiv, unerhört Direkt, und gnadenlos Offen, aus dem „Nähkästchen"; Dabei nimmt er kein „Blatt vor den Mund", nicht Eines....

9 783735 725639

Umschlaggestaltung und Illustration: Beate Wedekind

Fotos: Beate Wedekind / Welpen Foto, Seite 3: Jörg Sievers

Fiete (Junior)

Alias

Alex vom Kaiser-Wilhelm-Kanal

Ein Mops aus Gutem Hause

 Adel verpflichtet!

Beate Wedekind
Roman

FSC
www.fsc.org

MIX

Papier aus ver-
antwortungsvollen
Quellen
Paper from
responsible sources

FSC® C105338

Hommage an den Mops

Von Beate Wedekind

Originalausgabe

1.Auflage

Veröffentlicht 2014

Umschlaggestaltung und Illustration: Beate Wedekind
unter Verwendung eines Bildes von Jörg Sievers

Alle Rechte vorbehalten

Herstellung und Verlag:
BoD – Books on Demand, Norderstedt
ISBN 978-3-7357-4130-1

Beate Wedekind

Fiete (Junior)

Alias

Alex vom Kaiser-Wilhelm-Kanal

Ein Mops aus Gutem Hause

 Adel verpflichtet

Roman

Fiete(Junior)

alias
Alex vom Kaiser-Wilhelm-Kanal

Ein Mops aus Gutem Hause

 ### Adel verpflichtet!

Ich bin ein Mops, heiße ab jetzt Fiete, eigentlich Fiete Junior, kurz gesagt, ich werde ab sofort Fiete gerufen. Für mich war das nun mein neuer Rufname, auf den ich stets reagieren, und, auch noch hören soll. Dieser Bitte entspreche ich sogar, manchmal! Wann, und wann, nicht, das entscheide ich allerdings spontan, ganz individuell, je nach Gewichtigkeit des Eingeforderten, bzw. wie ich persönlich die Sache einschätze und bewerte, das Für und Wider, den Sinn und Nutzen gegeneinander abwäge, also wie das so rüber kommt. Man hat schließlich eine eigene Meinung, und sollte diese auch, dann und wann, mit Nachdruck, vertreten. Bei rüder, oder gar pöbeliger Ansprache, schalte ich sofort ab, bzw. auf stur, da geht schon mal gar nichts bei mir. Höflich vorgetragen, da kann man zumindest über alles reden.

Diese praktikable, und durchaus effektive Verhaltensweise, hat übrigens später der Dackel, von uns Möpsen übernommen, und bis zur Jetztzeit beibehalten. Eine kluge Entscheidung! Der Mops ist ja nun mal eine der ältesten, der bekannten Hunderassen, da kann man nach so langen Testphasen, gerne das eine oder andere, vertrauensvoll übernehmen.

Geboren wurde ich in Kiel-Holtenau, ganz in der Nähe des Nord-Ostsee-Kanals. Ich stamme aus dem ersten Wurf meiner Eltern Dorle und Fiete, die durchaus vorhandenen Adelstitel lasse ich hier Erstmal weg, und deshalb Steht mir eigentlich ein mit "A" beginnender Name zu. Offiziell heiße ich daher, "Alex vom Kaiser-Wilhelm-Kanal", wie dieser Kanal ursprünglich, nach seinem Erbauer hieß. So steht es in meinen Papieren, ich bin nämlich reinrassig, und von „Adel".

Egal, jetzt hau´ ich es doch raus.....Mein Papa nennt sich sogar "Prinz"! "Fiete Prinz vom Oldenburger Land". Und Mamas Name: "Florena Dorle Edle vom Vogelsang", jawohl!

Also schon mal "Nicht von schlechten Eltern", ich, der kleine Fiete (Junior)!

Warum auch immer, jedenfalls verließ ich als letzter, mit fünf Monaten, meine Geburtsstätte, meine Kinderstube, mein erstes zu Hause, und vor allem, meine beiden, quasi Geburtshelfer und Aufpäppler, meine ersten "Dosis", Züchter Jörg, und der Jochen.

Ganz prima Jungs, die mit viel Liebe und
Sachverstand, die kleine Hobbyzucht aufgebaut
hatten, und immer soo lieb waren. Ich hatte gerade
mal wieder ein wenig auf dem Sofa gedöst, diese
Annehmlichkeit hatte ich mir schon, neben diverser
Anderer, mit meinem unerhörten Charme verdient,
wie die Klingel ging, und das Ehepaar kam.
Anschlagende Klingel, fremde Stimmen, neue
Leute...zack, ich war sofort putzmunter. Damit mich
nun auch Ja keiner übersieht, ich war Ja noch
ziemlich Klein, habe ich alles gegeben! Heißt, wie
besessen, an der Rückenlehne des Sofas, hinter der
die beiden Fremden standen, hochspringen, mit den
Pfoten scharren, die Schnauze leicht öffnen,

breitziehen, Zunge halb raus, hecheln was das Zeug hält, hüpfen, Augen ganz groß machen,
aufmerksam, lieb und süß gleichzeitig gucken, und vor allen Dingen die Kopfhaut kräuseln, damit sich die tollen Falten bilden. Das Ganze ausdauernd, und, unbedingt in Dauerschleife.

Volltreffer! Meine Instinkte funktionierten wie am Schnürchen. Ich hatte alles richtig gemacht. Die Frau, sofort von Verzückung übermannt, was sich an Äußerungen wie, oh, ist der süß, guck mal, Liebe auf den ersten Blick, oh, der muss einfach mit, festmachen ließ. Der Mann, mehr zurückhaltend, hat mich erst eher ausdruckslos, dann wohlwollend betrachtet, mich einfach Hoch genommen, und sich auf das Sofa gesetzt. Und jetzt kommt's, mit Mir auf dem Schoß. Herrlich! Ich konnte ganz deutlich spüren, dass es hier um mich ging, dass ich die Hauptperson war, und dass es erstmal aufregend bleiben würde. Ich, im Mittelpunkt, also meiner Persönlichkeit angemessen, und ganz nach meinem Geschmack!

Die Zeichen standen gut, dass auch ich nun endlich in die Welt hinaus zog. Nicht, dass ich etwa nicht gerne bei meinen beiden „Ziehvätern" war, ganz im Gegenteil! Es war wunderschön hier, mit dem kleinen Gärtchen vor der Tür, wo wir, meine Wurfgeschwister und ich, toben durften, und mit Verlaub, auch mal richtig die Sau rausgelassen hatten. Die beiden waren super lieb, und haben sich rührend um uns gekümmert. Kuscheln und Schmusen war immer drin, egal wer es gerade brauchte. Aber jetzt, wo alle meine Wurfgeschwister, mit denen es immer so lustig war, ausgezogen waren, und meine Hundemama auch langsam Nerven zeigte, wenn ich sie mal wieder bestürmte, fand ich es durchaus vorstellbar, mich auch, räumlich zu verändern. Die Abenteuerlust hatte den Abschied dann auch gar nicht soo schlimm ausfallen lassen. Die Zweibeiner haben noch Papierkram erledigt, ein kurzer Smalltalk, schon ging es los. Ab ins Auto, ich, bei meiner neuen Versorgerin auf dem Schoß, fünf sechs Kilometer stadteinwärts, und schon vor dem neuen Zuhause angekommen.

Die ganze Zeit im Auto wurde ich ein gegroovt, auf beinahe hypnotische Art und Weise.

Oh toll, gleich sind wir zu Hause, das wird ganz super, usw.

Jetzt war ich auch schon ein bisschen aufgeregt, und gespannt, was mich denn nun so Tolles erwarten würde. Es war toll! Soviel schon mal vorweg.

Die Wohnungstür wurde aufgeschlossen, und **wow**! Ein Begrüßungskommitee! Extra, und nur für mich!!!!!! Dachte ich... Zwei schöne Hunde saßen da. Soweit war ich mir ziemlich sicher. Zumindest hatten sie vier Beine, wie ich. Aber....die Größe kam Ja noch halbwegs hin, nur irgendwie viel eleganter gebaut, und auch sonst… so Erhaben, so Anders…..

Ich wurde zwecks gegenseitiger Bekanntmachung auf dem Boden abgesetzt, und ermuntert, auf die beiden zuzugehen. Ich wollte gerade, da erstarrten die Beiden augenblicklich, kurzfristig zur Salzsäule, mit einem Gesichtsausdruck, als hätten sie soeben die Begegnung mit der dritten Art, mit einem Alien, einem stinkenden noch dazu, machten eine hundertachtzig Grad Kehrtwendung, rannten im Affenzahn los, und verschwanden, wie die geölten Blitze, unter dem großen Doppelbett.

Juhu... jagen, toben, fangen spielen, und das gleich zur Begrüßung, ich war begeistert, und sah herrliche Zeiten auf mich zukommen. Ich bin natürlich sofort, so schnell ich irgend konnte, hinterher, auf dem Bauch robbend, unter Einsatz aller mir möglichen, sportlichen Elemente, ebenfalls ab unters Bett. Na da war die Party erst richtig in Gange. Von gemeinsam Spaß haben, Freude teilen, toben und spielen, davon hatten die beiden Kameraden entweder noch nie gehört, oder aber, sie hatten sich abgesprochen, kategorisch dagegen zu sein. Dass sie dagegen waren, haben sie mir sehr eindeutig, und unmissverständlich klar gemacht. Und eindrucksvoll erst, mein lieber Scholli. Die waren richtig auf Krawall gebürstet. Meine Güte, war da Stimmung unterm Bett. Weil ich ja nun erst mit fünf Monaten ausgezogen bin, habe ich durchaus schon mal die eine oder andere Zankerei meiner Mops-Eltern mitbekommen, aber das war ganz etwas anderes. Mama Dorle war hier und da ein wenig dünnhäutig. Dann hat sie schon mal gegrummelt und gegrunzt, naja so ähnlich jedenfalls, und wenn es sein musste, auch mal gebellt. Papa, Fiete Prinz..... Hat das eigentlich immer gelassen über sich ergehen lassen, es ganz relaxt vorbei ziehen lassen, und gut war. Papa war immer so gemütlich, den hat nichts und niemand aus der Ruhe gebracht. Aber was die beiden Terrorbrüder da unterm Bett abgezogen haben, unglaublich. Das war kein Grunzen, kein Bellen, das war ein furchteinflößendes Fauchen, dass sich mein Fell schlagartig in einen Mekki verwandelte. Und gehauen haben die mich auch! Ich habe mich so erschrocken, und hatte auch ein bisschen Angst. Jawohl...da steh ich auch zu. Richtige Angst!

Meine neuen Erziehungsberechtigten waren in heller Aufregung, und ein wenig überfordert. Ab sofort nenne ich sie hier Mama, und Papa. Die Höllenbrut macht das auch, und die Beiden nennen sich auch selber so. Ich finde das schön, Weil ich sowieso fest entschlossen bin, hier, das „Kind im Hause" zu werden.

Die bedrohlichen Geräusche aus dem Untergrund des Bettes führten dazu, dass Mama, mit gefährlich schwankender Stimme ängstlich jammerte, und Papa, schon lang ausgesteckt auf dem Läufer vorm Bett lag, um mich abzufischen, vor den wildgewordenen Raubtieren zu retten, als ich schon im Rückwärts-Robb-Gang den Rückzug angetreten hatte. Mit dem dicken Poschi voran, und einem Mantra im Kopf, *bitte jetzt nicht stecken bleiben, bitte bitte jetzt nicht stecken bleiben,* konnte ich mich in seine Arme retten, und wurde auch sofort Hoch genommen. Rettung in letzter Sekunde!

Was für ein Empfang! Und mit den beiden hinterhältigen Giftspritzen sollte ich nun in Zukunft zusammen unter einem Dach leben. Auweia! So eine gemeine, geradezu niederträchtige Tour abzuziehen. Die Einladung zum Jagen und Spielen war eindeutig, in internationaler verständlicher Hundesprache abgefasst. Ich hatte schließlich nichts, aber auch rein gar nichts falsch gemacht. Den beiden Ganoven traute ich erstmal nicht mehr über den Weg. Habe auch nicht mehr unterm Bett nachgeschaut, was die da so treiben, denn da kamen sie die nächsten zwei Tage nur noch zum Essenfassen und zum Toilettengang vor. War mir sehr recht, nur Mama, war ganz unglücklich darüber. Ihre beiden Süßen! Pah....dabei haben sich die beiden "Zuhause-Scheißer", die dürfen nämlich gemütlich im Bad brunseln, und auch das Andere, bestimmt gerade gegenseitig eingepeitscht, wie sie mich als Nächstes tyrannisieren, und einschüchtern können.

Ich muss übrigens immer raus, um meine Geschäfte zu machen, bei jedem Wetter! Ungerecht, einfach nur ungerecht! Wieso ich, und diese beiden arroganten, langfelligen schlimmen Hunde nicht? Sogar bei Regen muss ich raus, wo ich doch so wasserscheu bin. So ungerecht.....

Aber wenn ich mich Anfangs mal ausversehen vergessen hatte, und irgendwo hingepieschert hab´, oh, dann war aber was los. Ich hatte einfach den schönen beigefarbenen Teppich im Wohnzimmer ausgesucht, der passte so gut zu meiner Fellfarbe, war zudem, unglaublich kuschelig und gemütlich beim Hinhocken. Zu der Zeit habe ich mein Beinchen noch nicht gehoben, das konnte ich erst etwas später. Und Mama, hat mich natürlich erwischt! Die war zu der Zeit sowieso dauernd hinter mir her. Wo ist er nun, was macht er jetzt schon wieder...Fiiieetee.... Selbst beim behaglichen Pieschern, so selbstvergessen, nur mit mir und meinem Harndrang ganz alleine, und dann kommt Mama, sag ich doch. Meine Güte war die ungemütlich! Und alles wegen so eines kleinen Sees. Dabei war der schon so schön weggesickert.

Was hat der Fiete da gemacht, das darf man doch nicht, der Fiete muss doch Bescheid sagen wenn er raus muss, Ist der kleine Fiete ungezogen? Usw. und so fort.
Dabei ständig am Tupfen, Rubbeln, auf einem Tuch rumtrampelnd. Anstandshalber, habe ich mich dazu gesetzt, und dem Drama, mit gebührendem, betrübtem Gesichtsausdruck, einem schuldbewussten Blick, so von unten nach oben, und besonders tiefhängenden Ohren, beigewohnt.

Meine Rasse hat ihre Karriere schließlich, als Chinesischer, Kaiserlicher Hofhund begonnen, da weiß man sich zu benehmen. Adel verpflichtet!

Möchte zu gerne mal wissen wie das ausartet, wenn ich einfach mal hin kacke?....Ohoohoho.... nein, lieber doch nicht!! Ach, nur mal so am Rande, entgegen aller verleumderischen Behauptungen, Hunde kacken gar nicht!

Hunde lösen sich!

Und überhaupt...habe ich etwa ein Extra Kistchen zum vornehmen Zurückziehen, noch mit schicken hellen Steinchen drin, um die Hinterlassenschaft zu verscharren, in gehobenem Ambiente, und dem dazu gehörigen Interieur, wie die beiden Bagaluten??? Nein, habe ich nicht! Soo ungerecht....

Und obwohl ich nun gerade fertig war mit pieschern, jetzt musste ich trotzdem schon wieder mit raus, als erzieherische Maßnahme, als Gedächtnisauffrischung, und was weiß ich, was noch, für psychotherapeutischen Hintergründen und Weissagungen. Aber ich bin nun mal ein Mops, von Natur aus friedliebend, gemütlich, und bar jeglicher Aggressionen, ganz das Gegenteil von den beiden Giftspritzen unterm Bett, also bin ich brav mitgetrottet.

Zurück zu meinem ersten Tag. Vor den Meuchelmördern hatte ich erstmal Ruhe, die hatten sich weiterhin unterm Bett verschanzt. Ich war also der absolute Mittelpunkt. Wurde gehätschelt, getätschelt, geknuddelt, gestreichelt, wanderte von einem Schoß auf den anderen, und zurück, und fühlte mich endlich angemessen beachtet und behandelt. So geht man mit einem Mops um! Ich war auf gutem Weg, die beiden Zweibeiner mopsgerecht abzurichten. Die Schlafenszeit rückte näher, und damit auch das unvermeidliche Thema. Wo schläft denn nun der kleine Liebling....Um die Auswahl der bestehenden Möglichkeiten klar zu definieren, erklärten beide, unisono, im Bett nicht, auf gar keinen Fall im Bett, niemals. Wie unhygienisch! Beim Gassi gehen an den Ergebnissen des LÖSENS anderer Artgenossen, und anderem freilaufenden Viechzeug schnüffeln, durchaus auch mal mit Nasenkontakt, und dann auch noch die Haare im Bett. Igitt! Niemals! Nicht auszudenken was die Leute dazu sagen würden! Ausgeschlossen! Und die Krankheiten die man sich aufsacken könnte! Geht gar nicht!

Schöne, auch wirklich gemütliche Plätzchen wurden mir versucht schmackhaft zu machen, die ich auch gebührend gewürdigt habe. Ein bisschen darauf herum hüpfen, schnüffeln, wälzen, kurze Liegeprobe, und wieder raus. Alles wurde von mir gründlich inspiziert, und es waren durchaus akzeptable Schlafmöglichkeiten dabei. Wenn man keine Bessere hat! Eine Alternative, eine Notlösung hatte ich also schon mal, sollte die Operation BETT scheitern. Denn nur das kam eigentlich für mich in Frage, da wollte ich mit rein! Auf getrennte Schlafzimmer hatte ich nun gar keine Lust. Da kommt doch keine Gemütlichkeit auf. Ein Mops braucht eben menschliche Nähe, und das Dazugehörigkeitsgefühl. Iss so! Ich war keinesfalls gewillt, Lücken in diese alte, gewachsene Tradition reißen zu lassen. Ich war dann auch ganz besonders lieb und schmusig, um für das Unterfangen BETT eine entspannte und positive Grundstimmung zu schaffen, quasi den bevorstehenden Weg schon mal zu ebnen. Nun saß ich also in meinem Körbchen, mit den besten Gutenachtwünschen, und einer extra Portion Streicheleinheiten, und tröstender Worte auf Vorrat für die Lange Nacht bedacht, und lauschte dem akustischen Ritual des Zubettgehens meiner neuen Erziehungsberechtigten. Endlich trat Ruhe ein, das Startzeichen für meinen Auftritt.

Also los. Raus aus dem Körbchen, kurze Orientierung, Wo ging es noch mal Lang zu meinem Schlafgemach? Links, immer links halten. Ein Überraschungsmoment war es dann eher nicht, man hatte mein Tapsen schon gehört. Sah aber cool aus, wie ich um die Ecke kam. Mama, und Papa saßen senkrecht im Bett, und von den beiden Intriganten sah ich nur ganz kurz die Köpfe unter der Bettkante vorlugen, waren dann aber sofort wieder abgetaucht, und in der Unterwelt verschwunden. Ich hätte Ja zu gerne gewusst, was da unten war. Aber mal gucken, habe ich mich dann doch nicht getraut. Nachher hauen die wieder! Außerdem hätte das auch nur von meinem Hauptziel abgelenkt! Ich habe also noch mal meine so erfolgreiche Masche vom Antrittsbesuch abgezogen. Kratzen, scharren, Zunge raus und ausgiebig hecheln, und hüpfen. Immer wieder hüpfen, ausdauernd, mit herzerweichenden, kleinen Fiep-Einlagen. Dabei fliegen meine kleinen, samtweichen Schlappohren immer so schön mit, was auch nochmal so einen niedlichen Effekt abgibt. Taktieren muss man schon ein bisschen! Von nichts kommt nichts. Mama war schon wieder verzückt. Ach guck mal, der Kleine fühlt sich bestimmt einsam. Er will unbedingt zu uns. Soll er einmal, so die erste Nacht von zu Hause weg? Einmal macht doch nichts, ich muss sowieso die Betten beziehen. Und die Leute? Die Werte Meinung des geschätzten Umfeldes und der Nachbarn?

Ach die Leute, die Leute, Die sollen sich gefälligst um ihren eigenen Dreck kümmern, da haben sie genug zu tun. Was gehen uns die Leute an. Wem irgendetwas nicht passt, der muss eben wegbleiben. So einfach war das mit den Leuten!

Das war Originalton Mama, und, das war doch mal ein Anfang! Nochmal alles geben, hüpfen, immer hüpfen! Papa hat dann Allen Ernstes gefragt, *nah was will der kleine Mann denn?*
Ja was will der kleine Mann denn wohl? Wonach sieht es denn aus? Ins Bett will der kleine Mann, und zwar jetzt!
Aber die Frage war wohl eh nur, mehr so rhetorisch gemeint. Papas große Hand kam nämlich schon, und hat mich ganz sanft ins Betti gehoben. Was ein Glück! Es wurde auch langsam eng. So ausdauernd hüpfen, und noch hecheln dabei, strengt unglaublich an. Das war also geschafft, der Aufwand und die Mühe hatte sich gelohnt, meine Recourcen waren nicht unnütz vergeudet. Was Mama, Papa allerdings noch nicht wussten, mir aber von Anfang an sowas von klar war, war die Tatsache, dass es von nun an natürlich immer mein Schlafplatz war, also quasi auch mein Bett! Eigentlich selbstverständlich, aber die Menschen zieren sich gerne erstmal ein wenig, und machen aus unerfindlichen Gründen manchmal erst Umwege,

bevor sie sich letztendlich doch fügen, und dem Unvermeidlichen ergeben. Was für eine Energieverschwendung! Naja, man muss halt nur die richtigen Knöpfe drücken, dann wird das auch.

Wir drei hatten jedenfalls eine traumhafte Nacht. Ich traumhaft schön, Mama, Papa mehr alptraumhaft, jedenfalls Bis ich endlich mal zur Ruhe kam. Man zieht schließlich nicht jeden Tag in eine neue WG, da muss man sich doch erstmal reinfinden. Außerdem muss man bestimmte Rituale pflegen, und dazu gehört nun mal, dass man alles ausgiebig begutachtet, gründlich beschnüffelt, auf und ab läuft, hier und da mal kurz dran leckt, usw., bis der wirklich richtige Schlafplatz gefunden ist. Eigentlich gehört auch das Markieren der Umgebung dazu, worauf ich aber aus Reiner Rücksichtnahme verzichtet habe. Mama hat da ganz eigene Ansichten zu diesem Thema, die mit meinen zwar so gar nicht konform gehen, aber ich bin durchaus bereit, auch mal Zugeständnisse zu machen, und mich in Verzicht zu üben.... Habe ich das wirklich gerade gesagt?
Ich hatte jedenfalls mein Traumplätzchen gefunden! Bei Mama, auf dem Kopfkissen, genau über ihrem Kopf. Genau genommen, auf ihrem Kopf............und richtig eng ran gekuschelt.
Die beiden Terroristen von unten, wurden in der

Nacht putzmunter. Ganz leise und leichtfüßig haben sie sich rausgeschlichen. Und ich habe es **doch** gehört! Trotzdem, wie die das bloß hinkriegen. Ich laufe dagegen wie ein kleiner Trampel. Und dann die Geräusche! Ich glaube das waren Ausländer. Asylanten vielleicht? Ich habe jedenfalls kein Wort verstanden. Nicht ein einziges. Aber das wäre mal wieder typisch. Wohnraum beanspruchen, sich für Lau durchfüttern lassen, Ansprüche anmelden, und dann noch den Macker raushängen lassen. Man hört Ja so einiges in dieser Richtung. Und das mir, einem friedliebenden Mops! Ich habe im Prinzip gar nichts gegen Ausländer. Viele meiner Kumpel kommen auch nicht von hier. Viele Spanier und Rumänen waren da vertreten, und ich selbst, habe Ja auch einen Migrationshintergrund. Aber speziell diese Beiden..........Außerdem war es auch so praktisch, sich in ollen Klischees zu suhlen, das hebt das Selbstwertgefühl so ungemein, man fühlt sich gleich so erhaben, ohne selbst etwas dafür getan zu haben! Morgens waren meine beiden Zweibeiner wieder richtig lieb zu mir, aber es wurde auch Kritik geübt. Von Mama Natürlich. Sie muss jetzt erstmal sofort Haare waschen, die wären total verschwitzt, weil das so warm war, mit mir, als Mütze auf dem Kopf. Kann ich gar nicht nachvollziehen. Ich finde warm, und ganz nah dran, einfach nur super. Und dann wurde sie auch noch beleidigend. Erstens sei ich aufdringlich, und zweitens stinke ich aus dem Hals. Hallooo.....ich kann nur danach riechen, was ich gefuttert habe!

Und? Welche Informationen wurden mir beim Fressen aufgedrängt? Premium Qualität, bestes Futter, richtig teuer! Und nun sollen die Düfte meiner Ausatmung nicht Premium sein? Diesen Punkt hake ich, wegen mangelnder Logik, einfach mal ab.

Ich wurde aus dem Bett gehoben und auf den Boden gesetzt. Der Service im Hause war akzeptabel. Klein sein, kann durchaus auch mal von Vorteil sein. Als Erstes habe ich einen Rundgang gemacht, ob auch alles von gestern Abend noch da war. Alles roger, der Tag konnte seinen Lauf nehmen. Erstmal standen schwerwiegende Entscheidungen an. Die ganze Nacht habe ich alles zugekniffen, Mama, konnte froh sein, dass ich nicht gepupst hatte. Dann hätte sie eventuell Grund für eine Anmerkung, bezüglich Geruchsbelästigung gehabt. Jetzt musste ich erstmal Pipi, und mich, na, was haben wir gelernt,.. Mich lösen! Nicht kacken!!! Keine Fäkalsprache bitte. Obwohl, Mama War diesbezüglich stellenweise durchaus schmerzfrei. Wenn sie in Rage war. Ich hatte mal wieder irgendeine meiner Ideen in die Tat umgesetzt, etwa ganz Tolles, aber Mama, war es einfach nicht möglich, mit mir dacor zu sein, es auch einfach nur toll zu finden. Man konnte ihr die

Verwandlung direkt ansehen, dass das Adrenalin schlagartig durch die Blutbahn Schoss, ablesbar, wie auf der Scala eines Thermometer. Die Ausschüttung der Stresshormone konnte ich sogar riechen. Bei Mama, waren solche Fähigkeiten alle auf hochsensibel kalibriert, und reagierten präzise. Manchmal zu meinem ganz persönlichen Leidwesen.

Obwohl ich blitzartig, von total begeistert, auf demütig und schuldbewusst umgeschaltet hatte, fragte sie mich sehr sehr barsch, mit leicht keifigem Nachhall in der Kopfnote der Töne, ob ich wohl den Arsch auf hätte. Ohne jegliches Feingefühl, noch sonstigem Schliff in der Formulierung. Bei mental ausgewogenem Pegelstand, war das sonst genau andersrum bei ihr. Da wird durchaus auf adäquate Wortwahl wert gelegt. Aber wehe es kommt zu Ausreißern! Da haut Mama die Klopse gnadenlos raus, und zielsicher direkt an den Kopf. Hemmungslos. Contenance, nicht mal ansatzweise! Hatte ich natürlich nicht! Also, den Arsch offen. Sonst wäre mir Ja alles von alleine hinten raus gefallen, ohne dass ich mich großartig hätte lösen müssen. Wegen fehlender Logik habe ich diese Frage ebenfalls ignoriert und abgehakt.

Ich musste also mal. Das Schwierige bei der Entscheidungsfindung war das WO! Sollte ich nun noch ein bisschen dichtkneifen, und brav warten, bis ich dran war mit Gassi gehen, oder doch lieber, meinem ganz persönlichen Wunsch nachgeben, und noch einmal den wunderbaren Teppich im Wohnzimmer aufsuchen.

Würde ich inflagrantie erwischt, könnte ich Ja immer noch den Schuldbewussten geben, und auf Welpen Schutz plädieren...... Ich habe dann doch lieber gewartet.

Dabei war mir selbstverständlich nicht entgangen, dass die beiden Mafiosi von unterm Bett, einen Stellungswechsel vollzogen. Leichtfüßig und elegant begaben sie sich direkt aus der

Lagebesprechungszentrale ins Bad, nicht ohne sich nochmal den Hals nach mir zu verrenken, ob ich es auch Ja mitbekomme. Nach Verrichtung ihrer morgendlichen Geschäfte, wurde dann auch noch ausgiebig, und extra laut gescharrt. Aber ein Mops hat Stolz, und besitzt Würde! Ich bin selbstverständlich nicht hinterher, obwohl ich so neugierig war, dass die Gefahr des Platzens, eine ernsthafte Bedrohung darstellte. Und gemein fand ich es sowieso! Diese Krawallbrüder dürfen sich ganz nach Belieben zur Morgentoilette ins warme Bad zurückziehen, und mir brennt der Hintern! So ungerecht!

Irgendwann war ich an der Reihe. Die Ein-Mann-Komandozentrale, Mama, hatte den Marschbefehl erteilt, Papa und ich wurden abkommandiert, Brötchen fürs Frühstück zu erbeuten. Das war doch mal eine Ansage! Frühstück war immer gut. Die grobe Richtung musste Papa vorgeben, aber dann habe ich die Führung gleich mal übernommen. Immer schön ziehen, immer schön die Leine auf Spannung halten. Lediglich leichte Richtungskorrekturen habe ich akzeptiert, aber sonst, nach Nase. Und zwar nach meiner! Diese erzieherische Maßnahme, habe ich über einen sehr langen Zeitraum, immer wieder aufgefrischt, damit meine "Beiden" auch eine reelle Chance hatten, es sich auf die "Festplatte" zu kopieren. Bei kleinen Besorgungen, und rein vergnüglichen Spazier- und Gassi Gängen, bestimme ich Tempo und Richtung.

Jetzt aber ran ans Frühstück! Mama deckte den Tisch mit ganz leckeren Wurst- und Käsesorten, Marmelade und Honig, dazu die frischen Brötchen, es duftete einfach nur köstlich, und so verführerisch. Ich war bereit, und für alles offen, durchaus auch, für bisher noch unbekannte Geschmacksexplosionen. Es wurde sich gesetzt und angefangen. Ich saß anfangs noch auf dem Boden, der Platz für den gewöhnlichen Hund, der die Vollintegration nie ganz geschafft hatte. Wie gesagt, Vorerst! Man muss ganz langsam und unauffällig, auf das angepeilte, eigentliche Ziel zusteuern, bloß nicht gleich mit der Tür ins Haus fallen, sowas verschreckt die Zweibeiner, und macht sie unnötig aufmerksamer!

Ich wartete und wartete, es kam einfach nichts unten an. Leichte Irritation, und auch Sorge machte sich allmählich in mir breit, und ich beschloss, mich doch lieber mal bemerkbar zu machen, bevor die mir womöglich noch alles wegfressen!

Also auf die Hinterbeine, die Pfoten auf Mamas Schenkel, und....kratzen und hecheln natürlich. Ein wirklich probates Mittel in vielen Lebenslagen. Zartfühlend war ich nicht gerade bei der Aktion. Wäre auch unlogisch, schließlich wollte ich Ja etwas erreichen. Mama, sah das natürlich wieder Anders. Monologe wie, nicht so Doll, das tut Mama Doch weh, was will der kleine Fiete denn, hat der Fiete ein Hungerle? ...waren die ersten Resultate meiner Bemühungen. Und überhaupt! Das tut doch weh...Ja, ohne leichten Schmerz, was wäre denn dann gewesen...nichts! Man hätte mich gar nicht groß beachtet, oder es gar noch, als Anfietzen interpretiert, und mir mal eben wohlwollend über den Schädel gestrichen. Die Logik der Frauen, aber ich hörte schon von diesem Paradoxum. Jetzt aber! Mama stand auf, ich dachte noch, das wäre doch gar nicht nötig, sie braucht es nur fallen lassen, wie sie sich immer weiter vom Tisch der tausend Köstlichkeiten entfernte. Entsetzen, Panik, war das Frühstück etwa schon beendet? Hallo, hier, ich, Fiete,… ich hatte noch gar nichts!!!!

Erlösung! Mama, flötet auf dem Flur, *komm´ doch mal her Fiete, guck mal was die Mama hat, lecker Fresschen!* War mir was entgangen? Gab es auf dem Flur noch ein Frühstücksbuffet? Nichts wie hin! Was soll ich sagen....da stand Mama, halb nach unten gebeugt, so eine pseudo-Edelstahlschüssel in der Hand, und einem, in Vorfreude verzückten Gesichtsausdruck, als würde sie mir nun einen mit Speck gespickten Schweinelachs servieren, oder - etwa gleich selbst aus der Schüssel fressen?? Es sah jedenfalls durchaus nach "Selber Lust drauf" aus, war aber nicht eindeutig festzumachen. Es war für mich! Auf dem letzten Stück Weg nach unten, wurde die Schüssel nochmal geschüttelt, die Spannung sollte wachsen, wodurch der ominöse Inhalt rappelte und klapperte. Klappernder Schweinelachs? Das kannte ich Anders! Hier wurden anscheinend, nach ganz anderen, modernen Gesichtspunkten, neue Gerichte kreiert. OK, warum auch nicht! Was dann schließlich bei mir ankam, war nur ödes Trockenfutter! Nicht zu fassen! Ich war so enttäuscht. Nicht das es schlecht war, aber wie langweilig!

Als, in Höflichkeit geübter Mops, habe ich mal dran geschnüffelt, mehr aber nicht! Jetzt hieß es standhaft sein, die angeborene Futtergier ausblenden, und sich auf keinen Fall in faule Kompromisse reinquatschen lassen. Wenn man sich nur einmal überrumpeln lässt, war sowas ganz schwer zu korrigieren. Dann geht das nämlich nach dem Prinzip, was einmal geht, geht auch ein zweites Mal, und was zweimal geht, geht immer! Man kennt das.

Nöö, das wollte ich nicht fressen, und habe dann auch gleichmal aufgezeigt, wonach dem geneigten Mops der Sinn stand. Frühstück mit Wurst und Käse, ein wenig Brot drunter - ungern, wird zur Not aber akzeptiert, etwas Honig auf dem Teller verstrichen, zum Abschluss, und das Ganze vom Tisch, und gemeinsam. Punkt. Alle weiteren Mahlzeiten, täglich, sollten diesem Grundprinzip entsprechen. Für eventuelle Zwischenmahlzeiten, quasi dem kleinen Snack zwischendurch, wird Trockenfutter akzeptiert, lieber aber ein besonderes Leckerli genommen.

Papa stand meinem Speisewünschen wohlwollender gegenüber, und sprach mir schon mal ein Stückchen Wurst zu. Nur Mama, Mama, fand natürlich wieder ein Haar in der Suppe. Was heißt ein Haar, ganze Haarbüschel! Es spräche soo viel dagegen, ich sollte man doch lieber meine Körner fressen. Körner fressen? Bin ich vielleicht ein Gefiederter, nein bin ich nicht! Ich will etwas herzhaftes, saftiges, und keine furztrockenen Körner! Und ich weigere mich auch, mir wegen angeblichem Stinken aus dem Hals, die Zähne putzen zu lassen. Ein Zahnbürstchen gehört Ja neuerdings zum Equipment des stylischen Hundes. Danke, nicht für mich. Ich bin nicht stylisch, will es auch nicht werden, ich bin ein bodenständiger Mops, und mache eben nicht jeden Trend mit. Schließlich bin ich ein Hund, und auch ich stamme letztlich vom Wolf ab. Da hat man doch auch einen gewissen Ruf zu wahren. Hat jemand schon mal einen Wolf getroffen, der sein Kulturtäschchen mit Zahnbürste dabei hatte? Ich erwarte keine Antwort!

Natürlich einigten wir uns auf meine Vorgaben! Von nun an frühstückten wir immer urgemütlich zu dritt. Wenn ich daran denke, dass Mama, und Papa sich alles alleine einverleiben wollten, und Ich, nur Körner picken sollte....so gemein....

Unstimmigkeiten gab es anfangs allerdings noch bezüglich des Ablaufes, sprich der Reihenfolge, wer zuerst usw....

Ich saß immer schon sehr zeitig parat, habe das Tischdecken genauestens verfolgt, um einen ersten, visuellen Eindruck zu bekommen, schon mal Düfte wahrzunehmen, zu verinnerlichen, und die Vorfreude gedeihen zu lassen. Wer schoss wieder quer, Mama Natürlich! Mama war mit der verantwortungsvollen Aufgabe betraut, mein Frühstücksbrot zu schmieren, da ich nun mal keinen Daumen habe, es also nicht selber kann, und, mich zu füttern. Das war der Deal, und auch gar nicht das Problem.
Ich saß nun schon viel länger bei Tisch, und wie es endlich losging, wer schmiert sich erstmal eine lecker Brötchenhälfte, und beißt genüsslich rein? Mama!

Und ich? Ich sollte noch warten...Nö! So nicht! Spät kommen, aber, als Erster zulangen? Nö, ich hatte schon viel länger gewartet!

Außerdem müsste sie sich die Mühe wegen mir gar nicht machen. Ich komme wunderbar an die Leckereien, sowohl mit der Pfote, als auch mit dem Schnäuzchen, selber ran, wenn ich mich ein wenig lang mache. Ich war durchaus bereit Mich Lang zu machen, und selber zu bedienen, man will Ja gar keine Umstände machen, und habe es gleichmal ausprobiert. Auweia! Mama war so empört, sprang wie angestochen vom Stuhl Hoch, und verschluckt hat sie sich auch noch ganz fürchterlich. Ich hatte vor lauter Schreck gar nichts erwischt, bin selber panisch von meinem Platz gehüpft, und habe die Lage lieber erstmal von unten gecheckt. Das Programm war super! Mama machte Geräusche, die hatte ich noch nie von ihr gehört. Ganz laut, so richtig von unten heraus, dann wieder mehr Krächzen, pfeifend Luft holen, dann wieder eine Art Bellen, Papa wollte nun auch noch mitspielen, und hat Mama gehauen, immer auf den Rücken, aber richtig Doll, Mama hat dann mit den Armen gewedelt und gerudert, und hatte einen ganz ganz roten Kopf. Ich schwankte zwischen Begeisterung vor so viel Improvisationskunst, so Zack, von jetzt auf gleich, und leichter Beklemmung, wegen Mamas Schnappatmung und ihrem rotem Kopf, und Papas Lust am Schlagen. Allmählich haben sie sich dann wieder beruhigt, und wir konnten endlich weiter frühstücken. Aber alle Achtung, Mama hat sich richtig ins Zeug gelegt, nur um mich von der Wurst abzulenken! Danach habe ich aber mein Broti doch noch bekommen. Nach diesen Vorkommnissen, übrigens fast immer Als erster. Geht doch! Trotzdem! Es war unschwer auszumachen, dass die beiden noch keine Hundeschule absolviert hatten. Es würde mich also eine Menge Zeit, Mühe, Geduld und Nerven kosten, ihnen den richtigen Schliff angedeihen zu lassen, und sie mops-partibel zu formen. Ich blieb am Ball!

Mama Litt, und leidet noch immer, an chronischer Störrischkeit. Es will ihr einfach nicht gelingen, meinen Aktionen, Ideen, einfach meinen speziellen Beiträgen zur allgemeinen Erheiterung, unbefangen und offen gegenüber zu stehen, nicht einmal meine Bemühungen als Solche zu werten. Ich bin nicht mal sicher, dass sie sich überhaupt ernsthaft bemüht!

Zwei Tage hatten meine beiden Spezis von unterm Bett, ihr Eremitendasein durchgezogen. Mama hat zwar in regelmäßigen Abständen rührende Monologe vor dem Bett gehalten, wie sehr sie sich freuen würde, wenn ihre beiden süßen Jungs wieder raus kommen würden, alles wäre doch gut, der kleine Fiete ist auch ein ganz Süßer, aber ne, die beiden Verbohrten blieben erstmal unterm Bett hocken. Nach zwei Tagen haben sie plötzlich umdisponiert, die dunkle Seite, die

Schattenwelt verlassen, und sich dann doch wieder für das Leben in der Gemeinschaft entschieden, wenn auch auf Distanz.

Von da An, strolchten die Strolche also mit durch die Wohnung. Falsch, ganz falsch! Sie strolchten nicht! Sie schlichen, sie schritten, erhaben, majestätisch geradezu, einfach nur zum Fremdschämen, diese Aufschneiderei! So benimmt sich kein Hund der was auf sich hält. Der pupst, rülpst, und stinkt wann er will, mit allergrößtem Selbstverständnis, lässt sich mit größtem Vergnügen überall kraulen, wälzt sich auf den Rücken, streckt alle Viere von sich, damit auch der Bauch berücksichtigt werden kann, grunzt wohlig zur Belobigung, und hält sich noch für den Größten dabei. Punkt!

Ich stand ständig unter Beobachtung. Egal was ich machte, und wenn mir nur mal ein klitze kleiner Rülpser entschlüpfte, sofort kam von irgendwoher einer dieser langhaartragenden Bombenleger, irgendwie aus dem Nichts, und starrte mich an. Ohne Geräusche oder sonstige Ansprache, nur Starren. Direkt unheimlich! Genauso lautlos waren sie auch wieder verschwunden! Und schnell waren die erst! Und dann noch diese Springerei! Das hat mich total irritiert! Ich war viel kräftiger, und hatte trotzdem die größten Schwierigkeiten meine Lieblingsplätze einzunehmen. Alles viel zu hoch, und waren, wenn überhaupt, nur mit Kraftanstrengungen, Bis zur totalen Erschöpfung zu erobern. Ich konnte mit mir selber Wetten abschließen, wenn ich es endlich mal geschafft hatte, ermattet in mein Lieblings Sofakissen sank, garantiert kam dann einer von der Sippschaft an geschritten, um extra, nur um mich zu demütigen, aus dem Stand, jawohl, aus dem Stand, auf die Fensterbank zu schweben. Meine Wetten gewann ich regelmäßig. Noch so ein Tiefschlag, aber lassen konnte ich es auch nicht, es war jedes Mal wieder so spannend! Was hatte ich nun eigentlich gewonnen, wenn ich gewonnen hatte?

Sogar auf das Sideboard sprangen diese Sonderlinge! Und Mama,... nichts! Nicht ein böses Wort, nicht eins! Ich könnte Ja schon wieder wetten, neige ich etwa zur Spielsucht? Also wenn ich mal eben über das Sideboard stolzieren würde, und da es Ja so furchtbar Lang war, das Sideboard, auf halber Strecke mich erstmal gemütlich ablegen, und ein kleines Nickerchen einschieben würde, ja aber hallo! Mama würde mir das, Als das Einläuten des Weltuntergangs verkaufen, an dem ich nun schuld wäre! Die beiden Unheimlichen machten es genau... so! Und....es war wohlgetan!!! So ungerecht...

Da ich ja nun so gar nicht streitsüchtig, mehr das

Gegenteil, eher harmoniesüchtig bin, die gepflegte Gemeinsamkeit mit Schmuseeinlage liebe, entspannte sich Poe a Poe die Situation zwischen den beiden Dandys und mir. Das hätten sie gleich haben können, ich bin nicht angefangen! Obwohl die Aggressionen ihrerseits nicht mehr offen zur Schau getragen wurden, konnten sie es doch nicht lassen, jedes nur mal eben Vorbeischauen, zu einem affektierten Schaulaufen zu inszenieren. Ich fand es einfach nur peinlich! Nur Mama, Mama War dann gleich wieder angetan. Guck mal, wie majestätisch! Ich habe einfach weg geguckt, und Papa hat nur "ja" gesagt. Wie soll man auf sowas auch sonst reagieren. Darin war Papa sowieso genial. Er verstand es meisterhaft, mit Ultra knappen Statements, die meisten schwelenden Brandherde gleich wieder zum Erlöschen zu bringen. Mama war nämlich immer wieder mal in Zündel Laune. Papa streute dann wohldosiert, hier ein milde klingendes "ja", dort ein "mhm", auch mal ein "ach so", und ab und zu auch mal ein "nein" ein, obwohl er oftmals gar nicht richtig bei der Sache war, und nur halb hin gehört hatte. So konnten seine Nerven weiterhin im Wellness-Modus verbleiben, er hatte seine Ruhe, und Mama, war zufrieden. Wenn die "ja" und "nein", an den richtigen Stellen kamen, und sie nicht gerade ihren bohrigen Tag hatte. Mama, wusste natürlich genau was abging, hat sich aber meistens mit einem anmutigen Augenverdrehen, manchmal auch mit gespielt verzweifeltem gen Himmel schauen, begnügt. Aber ein gewisses Restrisiko in die Falle zu tappen, blieb immer. Papa war da dickfällig, und nimmt´s gelassen. Bei Bedarf hilft er sich selbst auch gerne mal mit kleineren bis mittleren Notlügen aus! So war er eben, und das wiederum nimmt Mama gelassen. Jedenfalls meistens. An ihren bohrigen Tagen, an denen es Mama ganz dringend, beinahe schon zwanghaft, nach lückenloser Klärung eines noch so unspektakulären Sachverhaltes gelüstete, konnte man nur verlieren! Da galt es, Daten, Fakten und Hintergründe geordnet, am besten chronologisch sortiert, preiszugeben, die dann nochmals akribisch durchleuchtet, hinterfragt, und analysiert wurden, und nicht selten auch noch ansatzweise psychologischen und philosophischen Betrachtungsweisen standhalten mussten. Mama, hätte zu gerne auch noch den direkten Blick in Herz, Seele und Hirn gehabt. Mama, genügt es eben nicht, eine Meinung zu hören, sie wollte nun mal auch wissen, was eben zu dieser, oder jener Meinung die Veranlassung war, um dann festzulegen, ob diese zu Gehör gebrachte Meinung auch Als Solche gewürdigt werden konnte, ob die überhaupt zählte! Das entschied sie dann ganz unbürokratisch, undemokratisch, und einstimmig, mit sich selbst.

Ja, Mama konnte so unkompliziert, so locker, und so cool sein. Nur Oberflächlichkeit konnte sie halt nicht verknusen. Und Lügereien waren auch ein Rotes Tuch für sie. Papas, kleines Selbsthilfe-Notprogramm, zählte da nicht mit rein.

Dass sie den Einen und auch Anderen, eigentlich ziemlich Viele, damit nervte, war ihr wurscht. Die waren ihrer werten Gesellschaft dann eben eh nicht würdig. Punkt!

Zurück zu den beiden Erhabenen mit der majestätischen Schrittfolge. Selbst die Barthaare konnten sie nicht wie ein normaler Hund tragen. Wie schon erwähnt, bin ich so gar nicht modisch orientiert, eben ganz bodenständig. Entsprechend trage ich auch unauffälliges Barthaar, zwei drei Zentimeter lang. Nicht so die beiden Überkandidelten! Natürlich nicht! Es mussten gleich mindestens zwölf Zentimeter sein. Mindestens! Und dann auch noch formschön ausgerichtet, gleichmäßig verteilt, in leichtem Schwung, teils seitlich, Bis leicht nach vorne gebogen. Ich bin überzeugt, die ondulieren sich morgens. Noch was! Wenn sie sich interessiert geben, also mal wieder neugierig waren, eigentlich ein Dauerzustand bei denen, dann sträuben sie die Barthaare auch noch vom Kopf weg, ganz nach vorne, nur damit sie noch länger wirken. Unglaublich!

Die Zwei verlustierten sich nun immer häufiger in unserer Nähe. Suchten die jetzt etwa Anschluss?! Gediegen. Gerade beim Frühstück hatte ich anfangs große Bedenken, dass ich meinen Anteil womöglich mit denen teilen sollte. Ein absolutes No Go. Beim Fresschen hört jeglicher Spaß auf! Da kenne ich nicht mal meine Freunde. Meine Devise, nur selber fressen macht fett! Nicht auszudenken, ich würde nicht mehr genug abbekommen. Nachher soll ich noch selber jagen gehen, nur, weil ich ursprünglich vom Wolf abstamme! Bin mir gar nicht mehr so sicher, ob das überhaupt stimmt. So kleine Wölfe hat das nie gegeben! Ich will kein Wolf sein! Meine Vorfahren waren kleine, verwöhnte, chinesische, kaiserliche Hofhunde! Kostbar, einzigartig, nur für den Hochadel bestimmt. Die schickt man doch nicht in den Wald!

Ich kann das nicht, ich habe Angst, ich will von Mama Gefüttert werden!!! Und die ganze Portion alleine! Nur für mich!

Meine Sorge war völlig unbegründet. Naja, was heißt Sorge, das ging mir nur mal kurz so durch den Kopf. Wäre auch noch schöner! Ich lasse mir doch nichts wegfressen!

Die beiden Catwalk-Kandidaten wollten jedenfalls gar nichts. Völlig unverständlich! Nicht mal ein heimlicher Versuch, schnell mal irgendwo dran zu schlecken! Nicht einmal dann, wenn fast schon drum gebettelt wurden, doch bitte etwas zu nehmen. Sowas könnte mir niemals passieren! Vor mir, muss man alles in Sicherheit bringen. Schlamperei kann ich gar nicht Leiden. Liegt etwas Leckeres rum, selber schuld, schwupp, war es auch schon weg, und alles wieder aufgeräumt. Aber ich hatte es Ja schon geahnt. Das sind bestimmt Ausländer,... die kein Schwein dürfen. Jetzt tun sie mir direkt leid. Was für ein Schicksal! Vielleicht liegt darin deren sonderbares' Verhalten begründet. So lenkten sie sich von dem Elend ab! Ersatzhandlungen! Mir war auch eine Art Waschzwang an ihnen aufgefallen. Mit einer Hingabe, und immer, und immer wieder! Da war es doch eher ein Glück, dass sie Langhaar trugen. Bei der Intensität wären sie sonst bestimmt schon nackig.

Die Haare wurden in voller Länge, fast genussvoll, über die Zunge gekämmt, mit einer Ausdauer, manchmal sah es sogar nach Extase aus, und das Ganze, täglich mehrmals. Wenn das nicht pathologisch war!

Ich mache mich gerne eher mal schmutzig. Von mir aus kann das auch ruhig dran bleiben. Mich stört das nicht. Mama, schon, war doch klar! Ich würde nicht mal im Traum auf die Idee kommen, den Dreck selber abzulecken, und mir damit den guten Geschmack vom letzten Leckerchen verderben.

Im Gegenteil, ich würde mich gerne mal so richtig schön am Boden wälzen, genüsslich, linksrum, rechtsrum, herrlich! Ich darf das nicht. Verstehe ich überhaupt nicht. Mama, klopft mir ganz oft, richtig liebevoll auf den Poschi, und dann sagt sie immer, ich sei ihr kleines süßes Erdferkel. So wie sie das sagt, kann man genau merken, dass sie kleine süße Erdferkel richtig gerne mag. Und was machen kleine süße Erdferkel, sie wälzen sich genüsslich linksrum, rechtsrum! Warum ich nun nicht? Immer diese Widersprüche! Einfach mal heimlich wälzen, geht auch nicht, weil ich mit Leine gehen muss. Das hatte ich mir allerdings selbst zuzuschreiben, Weil ich grundsätzlich, mit absoluter Zuverlässigkeit, weglaufe, wenn irgendwo etwas Spannendes los Ist. Das verblüffende dabei, dass ich immer, sofort und schlagartig, gehörlos, richtig taub werde, wenn ich stiften gehe. Ich höre einfach nichts mehr, was von hinten kommt! Ich bin halt nun mal vorwärts orientiert. Außerdem muss man auch mal Prioritäten setzen! Mit Mama, oder Papa, an der Leine, käme ich Ja nie rechtzeitig vor Ort an, wenn es außerordentliche Vorkommnisse gab. Mama, lahmt linksseitig ein bisschen am Hinterlauf, und Papa taktet mit seinem Gehstock auch nicht grade zur Marschmusik. Also muss ich nun eben immer an die Leine, damit meine beiden Erziehungsberechtigten nicht noch von einem unerwarteten Adrenalinschock dahingerafft werden, weil ich ausbüchse, und sie nicht so schnell hinterher kommen, wie sie müssten.

Das will ich natürlich auch nicht! Wer soll mich dann füttern, und Wo Mama doch Immer so schön dick auf schmiert.

Das hätte ich nun davon, das wären jetzt die Konsequenzen, die ich wegen meines ungezogenen Verhaltens zu tragen hätte, sagt Mama. Na gut, dann trage ich eben, was ich eben tragen muss. Ich durfte mir das nicht mal aussuchen, ob ich tragen möchte, oder nicht. Egal, meine Leine hat immerhin fünf Meter Freilauf! Irgendwie finde ich mich richtig cool, so als Konsequenzen Träger….

Die beiden Reinlichkeitsfetischisten zogen nie mit um die Häuser, niemals. Irgendwie fand ich das merkwürdig. Das komplette Equipment, zum Lösen und Sonstiges, in der Wohnung, kein Schwein Essen, Lange Haare, auffällige Barthaarpracht, immer Undercover zu Hause bleiben, die werden bestimmt gesucht! Ne, also wenn das so war, bin ich ab sofort nicht mehr neidisch, dann löse ich mich doch lieber in der freien Natur! Raus müssen, war immer noch viel besser, wie nicht raus können! Die Sache blieb mysteriös.

Seit Mamas Süßen wieder unter uns, und nicht mehr unterm Bett weilten, fielen auch immer wieder Namen. Der weiße Langhaarige hieß Herr Bimmel, und der kleinere Schwatte, Othello.

Endlich weiß ich wie die heißen! Dachte ich....
Von wegen! Jetzt ging es erst richtig los, ein Name
nach dem anderen. Mal hießen sie nur Bimmel, also
ohne korrekte Anrede, mal Bimmeli, Otti, Ottili, dann

waren sie wieder nur, die beiden Katzen, man sprach auch von zwei Katern, ja und dann, dann fiel der Name... Perser!

Da war ich wieder dabei! Perser, hab ich es nicht schon immer gesagt? Mein Anfangsverdacht erhärtete sich. Also doch! Ausländer, Asylanten!
Sie waren nur zu zweit, und dann so viele Namen? Neun verschiedene Anreden! Und wie hießen sie nun in echt? Genau das war wohl der Tiefere Sinn des Verwirrspiels, die wahre Identität zu verwischen, oder, Mama wusste es selber nicht so genau wen sie beherbergte, und mit durchfütterte. Was für Zustände! Wo, bin ich da bloß reingeraten. Womöglich eine Terrorzelle, oder waren die beiden etwa sogenannte Schläfer, die nur auf ihre Aktivierung warteten? Ohgottogott! Wo, fängt das an, wo hört das auf? Mir war schon ganz anders. Abgründe taten sich auf, Sodom und Gomorrha! Paapaa, ich will sofort auf den Schoß! ...und Mama Soll Schnittchen bringen!
Die Schnittchen kamen natürlich nicht. Zu schade!

Aber mit Papa, das klappte reibungslos, und war soo schön. Und, weil es eben so schön war, haben wir es zu einer wunderbaren Gewohnheit gemacht. Papa auf Couch, Fiete auf Schoß. Dieses neue Privileg habe ich natürlich schleichend, immer weiter ausgebaut.

Meine Positionsvielfalt war enorm, stellenweise zirkusreif. Ich konnte sitzend, liegend, halb hängend, schräg drüber, Bein hängend, auf dem Rücken, zwischen Papa und Couchlehne eingeklemmt, usw...Einfach super! Papa war außerordentlich leidensfähig, und hat meine Entfaltung und Ausbreitung ohne Klagen hingenommen, und freien Lauf gelassen. Einen Zweitnamen hat es mir auch noch eingebracht.

Ich fühlte mich doppelt beschenkt.

Weil ich angeblich, wenig bis gar nicht zartfühlend, eher rücksichtslos, so Mamas Version, agiert haben soll, bereit wäre über Leichen zu gehen, und mich hinschmeißen würde wie ein nasser Sack, ohne Rücksicht auf Verluste, erhielt den wohlklingenden Beinamen "Bum". Korrekte Anrede also ab sofort, Fiete Bum. War das cool? Ob ich jetzt wohl auf dem Klingelschild nachgetragen werde, wo ich nun doch quasi Vor- und Nachname trage? Eigentlich hätte ich auch gerne einen eigenen Klingelton. Ja, ich habe längst aufgegeben zu zählen, wie oft ich schon vergebens zur Tür gerannt bin, ganz aufgeregt, und voller Vorfreude auf meinen Besuch, war immer als erster an der Tür, was zugegeben, im Wettstreit gegen Mama und Papa, kein wirkliches Kunststück darstellte, und was war, immer nur für Mama und Papa. Trotzdem ich meine Adresse, nebst einiger

Kontaktdaten, schon so oft an die Bäume gepullert hatte, die in unserer Gegend durchaus häufig frequentiert wurden, und eine hervorragende Kontaktbörse, sowie Nachrichtenverteilerstelle abgaben. Bisher hatte jedenfalls noch keiner geklingelt. Oder ob das an unserem fehlenden Daumen lag? Nein, wohl eher nicht. Zum Klingeln braucht man keinen Daumen! Ich hab's! Die Klingeln waren zu Hoch angebracht, die Kumpel kommen gar nicht erst dran! Da haben die Zweibeiner mal wieder nicht zu Ende gedacht. Diese Art Vorkommnisse häufen sich stetig. Ich erwähne hier nur mal den Stuttgarter Bahnhof, und den Flughafen Berlin. Mir macht da keiner was vor, ich bin ein informierter Mops! Schließlich schauen wir abends immer gemeinsam in die Flimmerkiste, und oft eben auch Info-Sendungen. Ach das war immer so urgemütlich! Allerspätestens zu den 20 Uhr Nachrichten, begann die Phase des Chillens.

Die ganz persönlichen Lieblingsplätze waren eingenommen, Naschies, und andere Leckereien, bequem erreichbare deponiert, so, dass man sich nicht mal groß verrenken, oder gar aufrichten musste, Beine hoch, und der Kopf sanft ans Kissen gebettet. Und ich, natürlich mitten drin. Wo auch sonst? Ich hatte das Privileg, Mich nicht für einen einzigen Lieblingsplatz entscheiden zu müssen.

Also für mich, immer frei nach Schnauze, was man durchaus wörtlich nehmen durfte. Einfach nur bequem, war mir entschieden zu wenig. Ein Lieblingsplätzchen musste da schon ein paar mehr Kriterien zu meiner Zufriedenheit erfüllen. Bequem, eine Selbstverständlichkeit. Aber, ob nun linke Sofalehne, mehr bei Mama, oder rechte Sofalehne, also die Papa-Ecke, das entschied sich täglich aufs Neue, einzig und allein nach dem kulinarischen Angebot. Wer die besseren Leckereien zu bieten hatte, war speziell in diesem Moment, mein bester Freund. Wenn das nicht Logik pur war! Es konnte sich im Verlauf eines Abends natürlich durchaus mehrmals ändern. Wer schneller nachlegte, oder aber, sogar noch etwas Besseres hervor zauberte, konnte sich meiner ungeteilten Aufmerksamkeit absolut gewiss sein. Immer flexibel bleiben, meine Devise! Stellenweise entwickelte sich ein regelrechter Pendelverkehr auf dem Sofa, den ich zu bewältigen hatte, was natürlich gravierende Einbußen, in Puncto Gemütlichkeit nach sich zog. Man kann wohl nicht immer Alles haben!? Eine von mir höchst ungern zur Kenntnis genommene Erkenntnis. "Der Weg ist das Ziel" kann ich auch überhaupt nicht unterstreichen. Also mein Ziel war ganz klar das lecker Fresschen am Ende des Weges! Der Weg dahin, mehr so ein lästiges, aber leider unabänderbares Übel.

Nachdem ich nun ordentlich Strecke machen musste
Bis alles verputzt war, brauchte ich dann dringend
mal eine Auszeit zum Abhängen, zum Chillen, zum
Regenerieren. Beute machen strengt schließlich auch
an.

Als Abhängplätzchen war Papa die absolut erste
Adresse. Was die Fähigkeit anging, einem kleinen
süßen Mopsi eine super Kuschelkuhle auf dem Schoß
einzurichten, da, war Papa einfach Unschlagbar.

War mein Bauch aber so prall gefüllt, dass er seine
Elastizität vorübergehend eingebüßt hatte, zog ich
mich, Zwecks legeren Ablegens, doch lieber auf
einen Sessel mit weichem Kissen zurück. In so
entspannter Losgelöstheit, konnte ich herrlich ins
Land der Träume absegeln, und Allen Muskeln ein
Päuschen gönnen.

Mein Gaumensegel begab sich mit Als erstes in die Tiefenentspannung, und flatterte, in seichtem Winde meiner gleichmäßigen, tiefen Atemzüge, planlos in meinem Rachenraum.

Multitaskingfähig wie ich bin, konnte ich nicht nur schlafen, und gleichzeitig mein Gaumensegel flattern lassen, nein, ich konnte dabei auch noch wunderbare auf- und abschwellende Töne, mit einem Timbre reinster Klangfarben erzeugen. Schnarchen in Vollendung! Lange durchhalten, in gleichbleibender Qualität, konnte ich auch noch. Trotz des hohen Niveaus meiner Bemühungen, gelobt wurde ich nie! Obwohl, selbst Nachts war ich stets bemüht mein Bestes zu geben, und da hat Mama, schon ab und zu mal...Mein Gott Fiete...gemurmelt. War das vielleicht doch ein Lob?

Selbstverständlich betraf die angesagte Muskelentspannung alle Muskeln, also natürlich auch den Schließmuskel.

Während Selbiger so träge vorsichhin chillte, braute sich immer wieder mal ein hochdosiertes Gasgemisch mit starken Turbulenzen in meinem Inneren zusammen, welches ganz dringend den schnellsten Weg in die Freiheit suchte, und die Gunst der Stunde hemmungslos nutze, einen entspannten Muskel zu überlisten. Schleichend, aber gnadenlos! Das drömelige Abhängen war schlagartig beendet, und sofort Leben in der Bude. Es wurde wieder miteinander kommuniziert. Ausrufe der Empörung, Geräusche, die die zu ertragende Qual akustisch unterstreichen sollten, die Eine und Andere

Beleidigung in meine Richtung waren auch dabei, und Mama hatte ernsthaft angedroht, dass sie gleich grün anlaufen würde. Ich war mir gar nicht so sicher, dass ihr das stehen würde, aber neugierig war ich schon, wie das wohl aussieht. Ein schönes smaragdgrün vielleicht? Mama hat es dann doch nie gemacht. Schade!

Ich glaube, sie konnte sich mal wieder nicht entscheiden, was die Wahl der endgültigen Farbnuance anging. Es gibt aber auch wirklich so viele Grüntöne. Papa verdrehte meist die Augen, schmiss den Kopf in den Nacken, und unterstrich seine Grimasse des Leidens, mit einem langgezogenem ...Puuuhhhh...und... Fiiieete!
Mir war das allerdings auch zu würzig und intensiv. Solche übelriechende Winde hatten etwas Aufdringliches! Ich habe einfach einen anderen Lieblingsplatz aufgesucht, der nicht im Strömungskanal lag, und gut.

Mama, Papa litten den chemischen Prozess tapfer auf ihren Lieblingsplätzen ab, behaupteten sie spürten leicht komatöse Wirkungen, Bis es endlich vorbei war.....wenn ich nicht nachlegte! Selber schuld, wenn man so unflexibel auf einen Lieblingsplatz fixiert war, und nicht bei Zeiten nach Alternativen geschaut hat! Ein Glück, dass solche Giftwolken ein Einsehen hatten, und sich aus Scham, oder Gnade, vielleicht auch beidem, irgendwann verflüchtigten. Mama, konnte sich nicht verkneifen, mir ein schlechtes Gewissen einzureden, Weil ich angeblich, ab sofort für die Vergrößerung des Ozonlochs mitverantwortlich sei. Auweia....gepupst habe ich aber trotzdem immer wieder mal. Die Rindviecher hören auch nicht auf damit, obwohl da mal eine ganz andere Luftverdrängungskapazität des Spezialgemisches hinter steht. Da war mein Laues Lüftchen doch ein Furz gegen! Überhaupt, Mama, und Papa sollen mal nicht so erhaben tun. Nachts, heimlich unter der Decke, habe ich genau gehört, und nicht nur einmal. Wirkt sich Ja wohl genauso ozonlocherweiternd aus. Aber immer auf die Kleinen.. So gemein...

Aber wie alles im Leben, hatte auch diese Episode einen positiven Aspekt, ich wurde immer mal wieder befördert. Ich hatte es zwischenzeitlich vom kleinen süßen Erdferkel, schon zum kleinen Dreckschweinchen gebracht! Zur alten Sau aber auch schon. Diese Beförderung habe ich allerdings ausgeschlagen, da war ich doch leicht pikiert. Ein Mädchen, und auch noch ein Altes, das wollte ich nicht sein! Solche verbalen Entgleisungen entfuhren Mama, immer dann, wenn sie von leicht, bis, mittel empört, in potenzierte Brassigkeit wechselte. Habe doch schon angedeutet, Mama, konnte sowohl von butterweich, Bis ganz lieb und schmusig, tröstend und ermutigend, über wehleidig, zu kratzbürstig, bis hin zu absoluter Hemmungs- und Schmerzlosigkeit. Quasi die personifizierte, fleischgewordene Flexibilität! Ich weiß leider nicht, welcher Titel nun höher im Rang steht, oder ob beide gleichauf liegen. Mal sehen, vielleicht geht Ja noch was. Mich faszinieren mehr so die ganz Großen. Zum Nilpferd, gerne auch zum Nashorn, würde ich es zu gerne bringen! Schauen wir mal, ich werde mir jedenfalls weiterhin die größte Mühe geben, Mich einer anstehenden Beförderung würdig zu erweisen!

Papa hat sich nie so weit gehen lassen, mit Verbalinjurien um sich zu werfen. Sein Missfallen drückte er allenfalls mit einem (etwas) schärfer gesprochenem "Fiete", oder mit " Du Hund du", oder auch mal "Duu bist vielleicht ein Hund", aus.

Diese pseudo Rügen gingen meist mit einem liebevollen Tätscheln einher.

Sehr angenehm, und wirklich tolerierbar! Papa hatte übrigens das gleiche Phänomen mit den Augen, wie ich mit den Ohren. Er konnte manchmal gar nichts sehen, wenn ich mal nicht ganz nach Protokoll und Etikette agierte. Eben immer

"Papa Gnädig". Toll!   Papa, give me five!

Mama, musste immer alles gleich breit treten, aufs Tapet bringen, und sofort auseinander pfriemeln, und ausdiskutieren!

Mit den beiden anderen WG Mitbewohnern, ich nenne sie ab jetzt Bimmel und Otti, gab es keine besonderen Vorkommnisse zu vermelden. Sie benahmen sich zurückhaltend, beinahe schon nett, und hatten sich wohl endlich dazu durchringen können, meinen Aufenthalt Als gegeben hinzunehmen, und zu akzeptieren. Das überkandidelte Gehabe behielten sie allerdings bei, und ihre Herkunft, ihre Rassezugehörigkeit, blieb mir weiterhin rätselhaft.

Ich hatte regen Kontakt zu den Kumpeln im Revier gepflegt, mehrmals täglich die Baum-Puller-Zeitung studiert, eigene Artikel zusammen gestrullert, überall noch kurze Notizen hinterlassen, und Infos gestreut.

Sooft ich auch mit Papa zum Baum gelatscht bin,

nichts, keiner konnte etwas zur Identifizierung der Sonderlinge beitragen. So what... Inzwischen war es mir fast schon egal, solange sie friedlich blieben, und nicht hauten. Mich störte jetzt eigentlich mehr, dass ich neben deren Eleganz wie ein Walross wirkte, obwohl ich noch nicht einmal zu einem Solchen befördert war.

Unsere Dreisamkeit funktionierte auf der Basis vorgetäuschten Desinteresses, und zur Schau gestellter Ignoranz, obwohl jeder den Anderen genauestens im Visier hatte.

Den beiden "Unknown Dogs" fiel es wahnsinnig schwer, so zu tun als Ob. Sie waren von Neugier geplagt, schier zerfressen waren sie. Ich war eher gespannt, was sie als nächstes aufführen würden. Einen part de deux, in vollendeter Schrittfolge, anmutig, filigran gehüpft, hätte ich gerne mal gesehen. Haben sie aber nicht gemacht.

Dafür tyrannisierten Mich die beiden mit ihrer ständigen Springerei. Vermutlich wollten sie sich beim Zirkus bewerben, da soll schon so manch einer abgetaucht sein, und übten für ihre Springnummer mit Flugelementen. Normal war das jedenfalls nicht! Aus dem Stand, zack auf die Fensterbank, Oder von Weitem, mit Flugeinlage. Dabei sah das auch noch elegant, und ganz leicht aus. Es hatte mir einfach keine Ruhe gelassen, ich musste das auch mal probieren. Ich habe es heimlich getan. Ein Desaster, grausam und ernüchternd! Ich schaffte aus dem Stand, mit Allen Vier Pfoten in der Luft, höchstens zwanzig Zentimeter. Auf die "Eleganz" bei der Rückkehr zur Ausgangsposition, also Bis zum Bodenkontakt, möchte ich nicht weiter eingehen. Nur so viel, Abzüge in der B-Note waren zwingend.

So deprimierend! Hatte da etwa gerade jemand gekichert? Wenn ich nicht genau wüsste, dass Hunde nicht lachen können, ... obwohl, gekeckert, und mit dem Gebiss geklappert, hatten sie schon mal, als ein Vogel am Fenster vorbei flog. Bestimmt aus purer Missgunst, Weil der das doch noch mal ne Ecke besser konnte. Flügel hatten die beiden Gott sei Dank nicht. Gar nicht auszudenken! Dann schnappen die ganz über.

Sollte ich sie allerdings doch mal ertappen, dass sie sich über Mich lustig machen, ein dämliches Grinsen würde in deren fall schon genügen, werde ich die Charakterisierung des Mopses neu überarbeiten. Mein besonderer Augenmerk liegt auf dem Passus: "Der Mops kennt keinerlei Aggressionen, und beißt nie!" Das würde ersatzlos gestrichen, und schon könnte ich zum Kampfhund mutieren. Man sollte die Kleinen nie unterschätzen! Schließlich gehöre ich der Gruppe der Molosser an, zu denen auch der Bullmastiff, die Bordeauxdogge, der Rottweiler, und viele andere mehr, gehören. Tschä, Freunde des Stänkerns, immer schön in der Spur bleiben, sonst trommle ich mal eben meine dicken Artgenossen zusammen. Das wäre so, wie wenn man einen großen Bruder hat. Ich finde das Hammer! Leibliche Geschwister habe ich inzwischen zwar einen ganzen Sack voll, aber alle eben mehr so auf Augenhöhe. Zum Respekteinflößen eher weniger geeignet. Wenn ich mein geistiges Auge bemühe, mir die beiden

Artisten vorstelle, wie sie demütig vor einer Bordeauxdogge hocken, sich Ihren Anschiss nebst Abmahnung abholen, und Besserung geloben, einfach ein schönes Bild, ein innerer Vorbeimarsch! Eigentlich tun sie mir Ja gar nichts, wenn nur nicht dieses Springen wäre. Auch das könnte mir eigentlich egal sein, war es aber nicht! Durch diese außerordentliche Befähigung war es den beiden nämlich möglich, wann immer sie wollten, auf die Fensterbank zu gelangen. Und sie wollten oft! Wann immer ich wollte, ich konnte es nicht. Unerträglich, vor allem, da ich keine Ahnung hatte, was es ständig zu sehen gab, es aber unbedingt wissen wollte, musste!!! Ich hatte mich wirklich abgemüht, an der Heizung gekratzt was das Zeug hielt. Keine Chance. Bis, Mama, sich endlich erbarmte, in dem sie mir einen Hocker, und eine Fußbank davor, spendierte. Endlich, mit diesem Siegertreppchen schaffte ich es mühelos. Pech für die beiden Schmalspurhunde aus der Anderwelt. Mit ihrem langen Fell konnten sie mich schon lange nicht mehr täuschen. Alles bloß Tarnung. Längst war ich dahinter gekommen, dass unter der langen Mähne miggerige, hasenähnliche Figuren steckten. Diese Aufschneider! Zugegeben, gutes Täuschungsmanöver, für meine ausgeprägte Intelligenz, auf Dauer nicht gut genug, aber trotzdem, Chapeau!

Ich war inzwischen ein strammes Kerlchen geworden. Alles nur Muskeln und Samenstränge. Endlich war ich mal im Vorteil. Ab sofort herrschte Anarchie auf der heimischen Fensterbank. Durch Mamas unendliche Güte, und dem Treppchen-Geschenk!

Obwohl, beschwören könnte ich nicht, dass Mama es völlig selbstlos, nur mir zum Gefallen möglich gemachte hatte, oder eher, weil ich nicht davon abzubringen war, solchen Lärm an der Heizung zu veranstalten, der angeblich durch das ganze Haus ging. Mama hat gleich wieder bis zum bitteren Ende gedacht, und ein Horrorszenario verbildlicht, mit Rausschmiss aus der Wohnung, Obdachlosigkeit, und dass wir alle unter die Brücke ziehen müssten, gedroht. Auch im Regen, hat sie noch mal extra hervorgehoben. Will der Fiete das? Mama war eigentlich gar nicht so doof, aber was war das für eine bescheuerte Frage? Wo ich doch so wasserscheu bin, die Wärme und Gemütlichkeit liebe. Nein, das will der Fiete ganz sicher nicht!

Außerdem war die drohende Gefahr zu "Nicht Sesshaften", zu einer Berberfamilie zu werden, schon wieder passé, ich hatte doch jetzt mein Siegertreppchen.

Jedenfalls, seit ich das Faustrecht ausgerufen, die Fensterbank annektiert hatte, war ich jetzt der König auf der Fensterbank. Ich habe natürlich nicht gehauen. Man soll Ja nicht Gleiches mit Gleichem vergelten. Masse gegen Miggerig hat völlig ausgereicht. Ich habe einfach geschubst. Nicht nur zur Seite, die Fensterbank war schließlich nicht sehr breit, auch gleichmal ganz runter geschubst. Sorgen musste man sich um die zwei Ausnahmesportler eh nicht machen. Egal wie überraschend meine Breitseite kam, immer elegant, immer Haltung bis in die Zehenspitzen, und niemals abgestürzt. Faszinierend! Ich kann das immer noch nicht. Mama hat behauptet, ich läge da bräsig rum, wie ein Walross auf der Sandbank. Eine Beförderung war das leider wieder nicht. Sie hatte gesagt, wie ein..., nicht, ich sei ein...!

Jedenfalls hatte ich mit meinen Schubs-Einlagen Eindruck geschunden. Meine Vierbeinigen Mitbewohner verzichteten freiwillig auf ihr angestammtes Privileg, zumindest vorerst. Nach und nach hat es sich eingebürgert, wer zuerst kommt, mahlt zuerst. Außer, ich hatte auch gerade, also zur gleichen Zeit, das dringende Bedürfnis auszugucken, dann wiederum trat sofort das Faustrecht in Kraft, der Stärkere hat recht, und der Kraftmeier war nun mal ich! Also habe ich gedrängelt, und bei Bedarf geschubst. Funktionierte hervorragend!
Endlich war ich informiert, was vor unserem Fenster so abging. Leider nicht nur Gutes! Traf ich beim Gassi gehen meine Kumpels aus der Umgebung, war das meistens toll und informativ. Beschnuppern, abchecken, ein bisschen rangeln und toben. Nach diesen, ganz wichtigen, sozialen Kontakten, ging

jeder wieder seinen persönlichen Geschäften nach.

Vom Fenster aus, sah das mal ganz anders aus. Stellenweise schockierend! Wie konnten sie es wagen! Jeder Köter, aber auch jeder, missbrauchte meinen Rasen zum Abort! Da wurde gestrullt, sich gelöst, (Meine wahren Gedanken: gekackt, gekackt, gekackt), das ging im wahrsten Sinne des Wortes auf keine Kuhhaut; die wäre nullkommanichts dichtgeschissen. Iss so! Mein Rasen, meine Scholle, mein Stück Heimat, drohte zur Fäkalienhalde zu verkommen! Vor meinem Fenster, direkt unter meinen Augen. Mein Patrioten Herz litt Qualen, und meine aufsteigenden Gefühle straften alle Charakteranalysen, über das Wesen des Mopses, Lügen Ich war aggressiv! Herrschaftszeiten, aber sowas Von ....! Meine Revolte auf der Fensterbank hätte einen Eintrag in die "Geschichtsbücher" der Hunde im Allgemeinen,

und des Mopses im Besonderen, verdient. Ich bin am Fenster Hoch, habe mit dem Hinterlauf wie ein wilder Stier gescharrt, dann wieder einen Vorderlauf angewinkelt, und Laut gegeben, wie es eben nur ein Molosser kann. Zum Fürchten! Hoffe ich!

Wie zu erwarten, hatte es so einige Resonanz nach sich gezogen. Papa war bemüht zu beschwichtigen.
"Was hat denn der kleine Mann? Die dürfen doch auch mal da sein. Du bist doch der Beste, du bist doch Papas Junge!" Oh man Papa, sonst immer wieder gerne, aber doch nicht jetzt! Ich hatte mich gerade mindestens dreimal so groß gefühlt, mindestens, und dann kommt Papa mit "Kleiner Mann" und so. Och nöö.....

Und Mama? Mama hat gedanklich schon wieder unser Bündel geschnürt, für den Fall, dass es gleich los geht, und wir die "Platte" machen müssen, da ich mal wieder gegen die Hausordnung verstieß, Bellen war darin nicht ausdrücklich gestattet! Genau genommen waren bellfähige Artgenossen gar nicht erst vorgesehen. Mama hat gegenüber Dritten allerdings immer behauptet, sie hätte eine Ausnahmegenehmigung. Ich sage mal nichts dazu, ich kann Ja nicht lesen. Jedenfalls hatte sich Mamas Nase nicht verlängert, und kürzere Beine wie sie eh schon hatte, hat sie auch nicht bekommen. Vielleicht stimmt es sogar!?

Was wohl Mamas wahre Befürchtungen waren? Befürchtete sie, ich könnte mit meinem Timbre die physikalischen Gesetze außer Kraft setzen, und die Statik des Hauses negativ beeinflussen, es gar zum

Einsturz bringen, man weiß es nicht.

Nur die "Ermahnten", die "Fäkalschleudern" zeigten sich völlig unbeeindruckt, machten fröhlich weiter, trotzdem und obwohl, die sie begleitenden Zweibeiner, sogar noch mit Fingerzeig auf mich aufmerksam machten.
Ich ließ mich nicht beirren, habe diesen Missstand, diese riesen Sauerei, zu meiner ganz persönlichen Mission, zur Chefsache, erhoben, gehe regelmäßig, mehrmals täglich auf Patrollie, um mein Statement mit Herzblut zu Performern. Ich bin am Toben und am Rasen, für den unbefleckte Rasen!

Dabei litt nun mal auch die Transparenz des Glases. Wenn ich Alles gebe, Mich verausgabe, Ja dann schnaube, spuke und niese ich natürlich auch gegen die Fensterscheiben! Das waren quasi Kollateralschäden. Ein Fähnchen schwenken, und eine Hupe drücken, konnte ich nun mal nicht, dazu fehlte dann wieder der Daumen....
Und dann..........? Kam Mama!!! Angesichts der Schleim- und Schmiermuster an der Scheibe war absolut nicht mit einer Belobigung zu rechnen. Mit einer Beförderung?.......Vielleicht!
Mama war so enttäuscht von mir. Wo sie doch krank sei, und sowieso alles nicht so recht auf die Reihe

bekäme, Fensterputzen ganz besonders hasste, und dann das! Was ich bloß für ein Hund sei.........Ich hatte plötzlich panische Angst, dass Mama jeden Moment dahinscheiden würde, so theatralisch war die Szene, und wo sie schon nicht mal mehr wusste wer ich war, was für ein Hund!? Ich habe mich wirklich bemüht sie wieder aufzumuntern, übers Ohr geleckt, mich ganz Doll ran gedrückt, aber Mama hat mich gar nicht beachtet, mit Todesverachtung in der Mimik das Fenster geputzt. Das Mama Gleich so überreagiert! Sie hätte das Fenster gar nicht putzen brauchen. Sowie das Sichtfeld zu sehr eingeschränkt war, hab ich immer sofort ein angemessen großes Guckloch wieder freigeleckt. Ich habe Mama entlastet, wo ich nur konnte. Mit ein wenig sportlichem Engagement, sie hätte sich nur ein bisschen bücken müssen, und sie hätte auch raus schauen können. Es war ihr nur wieder nicht gut genug........

Und auf dem Rasen ging der Wahnsinn munter weiter.... Wenn Papa und ich unsere Runde machten, habe ich mich natürlich persönlich gekümmert, die kontaminierten Stellen aufgesucht, begutachtet, und dann habe ich aber mal ein "Donnerwetter" obendrauf markiert, bin anschließend sogar extra noch mal kurz zurück, um ein empörtes "Pfui", nachzutragen.

Dann traf ich Bella! Eine Schönheit, schön, wie es nur eine „Französin" sein konnte. Sorry Mädels, iss so! Bella war eine rassige, rabenschwarze, Französische Bulldogge, mit einem entzückenden weißen Brustfleckchen.. Ein Traumweib! Das Traumweib schlechthin! Wir verstanden uns auf Anhieb, und trafen uns recht häufig. Jedes Mal diese Freude, wenn sie auf mich zu kam. Ihre Anmut, wenn sie kurz vorher nochmal kokett stehen blieb, um Mich extra Heiß zu machen.

„Meine Französin", „Meine Schöne", „Meine Bella"

Aber dann kam sie, wir haben getobt, gespielt, das Leinenverknotenspiel, sogar in Perfektion und Vollendung, angefeuert von unseren Zweibeinern. Meine Fraktion: *Fiete guck mal, da kommt deine Bella!* Die andere Seite: *Nein, Bella, nein, der Fiete kommt, nein, Ist er süß, Fieetee!*

Das war aber immer nur dann so, wenn Bella außer toben, nichts weiter von mir wollte, und meine sexuellen Annäherungsversuche ziemlich zickig abwies. Legte meine Schöne aber extra, ihr verruchtes, schamlos duftendes, Sexbomb Parfüm auf, dass mir nicht nur die Brust schwoll, ich war schließlich noch unversehrt und voll bestückt, ja dann, dann durften wir uns kaum begrüßen! In solchen Momenten ging es mir für den Bruchteil einer Sekunde wiedermal durch den Schädel, ob ich doch die Seiten wechseln, und mich als „Beißer", als Kampfhund, outen sollte.

ich habe es wieder aufgelegt,..aber nur schnuppern!"

Nein, ich behielt Contenance, mein sonniges Gemüt, und schmachtete meine Schöne halt aus vorgegebener Distanz an. So viel Haltung bin ich allein schon meinem gesellschaftlichen Stand schuldig, ich darf halt nie vergessen, Adel verpflichtet!

Später musste Bella des Öfteren mit einem gewissen Max, auch ein Mops, flanieren. Der kam extra aus einem anderen Stadtteil rüber. Ob da Kuppelei im Spiel war, man weiß es nicht. Oft sah ich meine Bella vom Fenster aus vorbei laufen, und jedes Mal übermannten Mich die Gefühle dermaßen, dass ich leise vor mich hin wimmern, und fiepen musste. Mama hat mich dann getröstet, mich ganz Doll an sich gedrückt, mir ins Ohr geflüstert, dass ich doch ihre kleine Knutschkugel sei, ihr süßer kleiner Scheißer, ihr Möppelchen, und dass ich mich gar nicht um ungelegten Eier kümmern solle. Von welchem zu erwartenden Gelege sprach Mama? Welche Eier denn nun? Aber ihr Trösten tat so gut, mir ging es gleich viel besser, da musste ich einfach darauf verzichtet, Mama Zu belehren, dass auch Französische Bulldoggen Lebendgebärende waren, keine Eier legten, niemals. Allein die Vorstellung, Bella hockt brütend auf einem Gelege, und dieser Max kommt abends zum Ablösen. Grauenhaft! Nicht vor meiner Fensterbank! Niemals.....

Ich machte durchaus auch andere Damenbekanntschaften. Da war die Betti, ein schnuckeliges Mopsmädel. Ich traf sie häufiger, immer wenn ich mit Papa Brötchen holte. Es hätte also etwas daraus werden können. Eine ganz süße kleine Blondine, aber leider so sehr schüchtern. Wenn ich voller Manneskraft, zur Begrüßung auf sie zu stürmte, war sie immer ein wenig verschreckt, sehr zurückhaltend, und konnte mit meinem Auftreten eher wenig anfangen. Vielleicht war ich auch einfach nicht ihr Typ.

Zwar unverständlich, wo ich doch so einen toll ausgeprägten, sogenannten Aalstrich, auf dem Rücken hatte, meine Maske, ebenfalls gut ausgeprägt, rassig, dunkel war, und meine Kopffalten, ganz deutlich das chinesische Schriftzeichen für "Prinz" darstellten, so, wie es die Legende "verlangt".

Da kann man halt nichts machen. Schade!

Also andere "Ladys" schmeißen sich mir direkt vor die Füße, buhlen regelrecht um meine Gunst. Die rassige Molosserin war leider etwas zu kräftig für meinen Geschmack. Aber Süß war sie schon, das verschmuste Luder.

Ich fürchte, ich habe kein rechtes Glück bei den Frauen..... aber dafür habe ich Mama, die hat mir Treue geschworen! Wenigstens Etwas.

….Und dann kam Herr Rütter, Martin Rütter, der Hundeversteher und Trainer aus dem Fernseher in unser Wohnzimmer, also so via Kabel….und hat sich erlaubt, erdreistet hat er sich, Mama den Spiegel vorzuhalten, was sie alles falsch gemacht hatte bei meiner Erziehung, und noch so Drumherum. Mama hat die volle Punktzahl nur knapp verfehlt. Komisch, sonst war Mama durchaus ehrgeizig, diesmal wollte es sie so gar nicht freuen. Überhaupt, sie hätte höchstens etwas versäumt, etwas unterlassen, meinte sie, schon mal ziemlich schnippisch. Wenn man etwas gar nicht erst angefangen, begonnen habe, (Meine Erziehung also) können einem auch keine Fehler unterlaufen sein. Außerdem habe sie sich einen Hund angeschafft um Freude zu haben, und Freude zu geben. Nicht um ein Individuum zu unterdrücken, zu knechten, zu brechen, oder sonst wie zu beherrschen. Das habe sie nicht nötig! So ein Hund müsse spüren, dass er dazu gehöre.

Vorsichtig gestreute Einwände, man müsse doch einen Unterschied zwischen Mensch und Hund klar ausmachen können, hat Mama Sofort im Keim erstickt.

Kann man, hat sie gesagt, kann man. Der Hund bekomme kein Besteck, wird nicht gekleidet, hat kein Girokonto, Taschengeld bekommt er auch nicht, und, er kackt draußen, nicht im Haus!

Papa hat das Programm weiter genossen, und Mamas pseudo-philosophischen Ausführungen einfach ausgeblendet. Im Ohr ging ganz langsam eine ganz kleine Metalljalousie runter. Habe ich genau gesehen! War Papa nun cool, oder doch eher dickfällig? Das fragte sich Mama Des Öfteren mal, entschied dann aber gleich vor Ort, durch Zuteilung einer Murmel. Das Fassungsvolumen für "Dickfällig", war schon vorab deutlich größer ausgelegt. Alles nur imaginär natürlich, logisch!

Mama, konnte mit Papas ausgeprägter Neigung zur Dickfälligkeit eine ganze Weile problemlos umgehen. Dann aber erlag sie doch immer wieder mal Ihrem Hinterfragungszwang, bis aufs Detail. Das sie genau wusste, ihren FieteMops wollte sie gar nicht erziehen, selbst dann nicht, wenn Herr Rütter die zehn Gebote, zur Erziehung des gemeinen Haustiers, direkt von "Oben", auf dem Blocksberg oder so, empfangen würde, und, dass man Partner nicht erziehen kann, es würde sich also eh nix ändern, spielte keine Rolle, nicht mal ein Röllchen, und wurde konsequent ignoriert.

Das war dann Papas Sternstunde! Er konnte mit einem Minimum an Worten, nur mit vagen Gesten, vorsichtigen Andeutungen, sich aber niemals festlegend, und sonstigem Instrumentarium, der gesamten Palette der Körpersprache und Mimik, alles wieder ins Lot bringen, und Mama sogar ein Lächeln abringen, die eben noch unentschieden zwischen "Jekyll und Hyde" schwankte. Papa das Schlitzohr..... neiiin, Papa, der Diplomat, in Vollendung! Also doch cool! Mama, konnte das nicht. Geduld und Diplomatie gehörten nie zu ihren primären Tugenden. Sie musste immer mehr so direkt, und frontal, so zack peng. Man kann nicht alles können, und sie habe eben auch Mut zur Lücke. Punkt! Mamas Statement dazu.

Nicht Viele können damit um, eher Wenige. Unser Bekannten- und Freundeskreis war auch dementsprechend überschaubar. Sehr überschaubar! Immerhin, zwei ganze Ehepaare. Nicht getrennt lebend, also noch immer vollständig, in ihrer ursprünglichen Form, und ein paar Telefonbekannte. Ansonsten nur noch die, für die man nichts konnte, die man sich nicht selbst aussuchte, Familie eben.

Da Papa von Haus aus das Entertainment nicht so lag, er war weder Partylöwe, noch Sabbeltasche, oder gar Aufschneider, und Mamas Neigung, der gemütliche Austausch zweier Ehepaare, auch mehr entsprach, als die oberflächlichen Smaltalks bei Massenevents, war das durchaus gewollt und ok. Sehen und gesehen werden, das brauchten beide nicht. Was ein Glück für mich! Wenn ich mir nur ansatzweise vorzustellen versuche, was mich wohl erwartet und ereilt hätte, wäre ich eventkompartibel zurechtgestutzt worden. Nicht auszudenken! Ich bin heilfroh, dass beide mehr so die stillen Genießer zu Hause, oder beim Chinamann um die Ecke waren, mit viel auf dem Teller für wenig Geld, und Nachschlag, ganz wichtig! Also mehr so Gourmand, denn Gourmet.   ;-)

Da gehen wir direkt mal dacor, Mama, Papa und ich. Wenn es schon gut schmeckt, dann bitte auch viel! Da steckt doch jede Menge Logik hinter! Gegrillte Ameisenzunge, An parfümiertem, einblättrigem

Kleeblatt, was bitte soll das Getue?? Davon würde nicht mal eine Zwergschildkröte satt; man liefe ernsthaft Gefahr, sich eine Anzeige wegen Tierquälerei einzufangen. Mögliche Headline eines bekannten Boulevardblattes, mit Millionenauflage, das aber angeblich niemand liest: "Sadisten Paar quält wehrlose, niedliche Zwergschildkröte, mit Gourmet-Chichi vom zehn Sterne Koch, in den grausamen Hungertot". Zum Beispiel. Der empörte Aufschrei, von Millionen Nichtlesern, würde die Nation erschüttern! Aber der Feinschmecker, dazu noch einer, der es sich leisten kann, seine geneigte Zunge mit dem Feinsten zu verwöhnen, der seinem "Original schottischen Black Angus Rind", Zeit dessen Lebens, einen Wellness Coach, Ganzkörper Masseur, und Eierkrauler, aus der Portokasse spendieren, und zur Seite stellen konnte, genau der musste ausgerechnet den kleinen fleißigen Ameisen die Zunge rausreißen lassen. Womöglich bei lebendigem Leibe, und der Rest des armen Vieches, der Kadaver, achtlos auf den Müll. Ich könnte schon wieder wetten!

Und warum das Ganze? Je seltener, je teurer, desto mehr Aufmerksamkeit, durch dümmliche Neider, die aber auch nichts begriffen haben. Manche Menschen brauchen sowas. Mit Krabben, Shrimps und Schampus, war schon lange kein Eindruck mehr zu schinden, selbst Austern, verleibte sich der gemeine

Sylt-Tourist, auch schon ganz selbstverständlich ein. Und es wird immer schwieriger werden, sich als Ausnahmegourmet in Szene zu setzen, wo sogar die ordinäre Hauskakerlake gerade ihre Renaissance feiert. Mal, als ein röscher Snack, mal, kurz in die Schoko Fontaine getaucht. Alles schon Als "Low Budget" Produkt zu haben. Ein nicht zu unterschätzendes Lebensmittel, diese Kakerlake! Die reinste Eiweißschleuder, Proteine satt! Lässt sich Lange Zeit Frisch halten, da auch ohne Kopf, noch acht Tage lebensfähig, und, auch für den Anfänger zum Zuchtaufbau geeignet. All das also nichts Besonderes mehr.

Irgendwie bin ich mental mit den Ameisen immer noch nicht durch, die armen Viecher.

In diesen Kreisen konnte man sich doch locker die kulinarischen Höchstgenüsse leisten, die derzeit beim "Geldadel" als absolut "In" galten; Gammelige, verschimmelte Steaks, direkt aus dem In-Restaurant "Wolfgang`s", in Manhattan, kommen lassen, wenn's sein muss, und dem verkrüppelten Ego hilft, non Stopp, von einem als "Miss Liberty" verkleideten Fackelläufer. OK, die Zeit des Übersetzens über den "Großen Teich" muss der dann halt auf dem Laufband überbrücken. Alles, aber bitte keine weiteren Völkermorde an Ameisenstaaten!

Man muss es sich einfach nochmal vor Augen führen.

Da wird das gute Fleisch tatsächlich so lange zurück gehalten, bis es endlich mal, irgendwann, einen Schmierfilm, und Schimmel, ansetzt. Das verspeisen dann auch nur die wirklich Reichen, die schon nichts mehr wissen, was sie mit dem vielen Geld machen sollen, und die zahlen ein "Schweinegeld" dafür, obwohl es Rind war. Verkehrte Welt. Aber immer lassen, wir Normalos bevorzugen sowieso mehr die frische Ware.

Wenn bei Mama, einmal versehentlich etwas im Kühlschrank schimmelt, entsorgt sie es immer sofort. Von kulinarischen Hochgenüssen hat sie wohl nicht so viel Ahnung.

Wie unkompliziert war da doch der Speiseplan für den schlichten Haushund. Obwohl, so eine kleine Fliege habe ich auch schon mal ....die war aber nicht extra wegen mir gestorben, ich habe sie auch ganz gefressen, und nicht nur das Beste, die Zunge, oder so, raus gesucht!

Mit Insekten war es bei uns so eine Sache. Mama Macht da schon auffällige Unterschiede. Da sie sich gegen ein Fliegengitter entschieden hatte, bekommen wir natürlich hin und wieder Besuch von diversem Kleinstgetier, meist von der fliegenden Fraktion. Den größten Besucherstrom bilden: Fliegen, Mücken, Marienkäfer, und Bienen.

Die Fliegen und Mücken dürfen wir uns durchaus, als kleine Zwischenmahlzeit und Eiweißsnack, einverleiben, ohne, dass Mama auch nur leiseste Anzeichen von Mitleid aufkommen lässt, oder auch nur mit der Wimper zuckt, egal wie rabiat wir zu Werke gehen, wie lange der Überlebenskampf, bis zum Exitus, dauert. Eiskalt! Ein Marienkäfer dagegen, wird gerettet. Vom Fenster, oder von der Wand gepflückt, und, begleitet von guten Wünschen, in die Freiheit entsandt. Das geht Ja noch. Aber wehe, wir bekommen unverhofften Besuch von einer „Honigsammlerin". Dann läuft Mama zur Höchstform auf. Eben durften wir noch der Mücke, ungestört, in aller Ruhe, die Beine ausreißen, sie totspielen, sogar fressen, und kaum schaut die "Gelbe" vorbei, herrscht bei uns der Ausnahmezustand. Mama scheuchte uns hektisch weg, hechtete in Küche, schrie immer, weg vom Fenster, weg vom Fenster, kam mit einem Glas zurück gesprintet, und bearbeitete damit das Fenster. Die "Gelbe" vorweg, und Mama, mit dem Glas, immer hinterher, bis, sie diesen ungebetenen Gast endlich, triumphierend, eingefangen hatte, und wieder rauskomplimentierte. Ob Mama sich sorgte, dass der Honigfluss versiegte, wenn wir die "Gelbe" verspeisten, oder wenigstens die Flügel ausrissen, was das unweigerliche Ende meines morgendlichen, dünn bestrichenen, Honigtellerchens bedeutete, wir haben es nie erfahren.

Ich will auch gar nicht mehr mit Mama, Papa zum Chinamann, obwohl da immer etwas Leckeres für mich runter fiel. Versehentlich, wie Mama stets betonte!

Aber, mir war zu Ohren gekommen, Chinamänner stürzten sich gerne auf alles, was vier Beine, gerne auch mal ein paar mehr davon hatte. Dieser, wenn auch nur latenten Gefahr, wollte ich mich gar nicht erst aussetzen, und auch lieber nichts mitessen. Alleine nur die vage Möglichkeit, unwissend, gegen den eigenen, ausdrücklichen Willen, zum Kannibalen zu werden, verschlägt mir dann doch, den normaler Weise gesunden Appetit.

Schon merkwürdig. Die Einen fraßen jeden "Dreck" nur um Aufmerksamkeit zu produzieren, die Anderen fraßen "Alles", Hauptsache günstig und reichlich, lieber nicht so genau hinterfragend, was es denn nun so ganz genau war, was man da verzehrte. Mama, wollte unbedingt noch was retten. "Bei Letzteren, also bei reichlich und günstig, musste es aber schließlich auch noch schmecken!" Diesen Anspruch sprach sie somit Gruppe Eins, denen von der "Ameisenfraktion", einfach gleich mal ab. Mama Eben.

Mit Bimmel und Otti klappte es inzwischen schon recht ordentlich, eigentlich sogar richtig gut. Futter machten sie mir von Anfang an, nie streitig, ein wichtiger Punkt, genaugenommen der Wichtigste überhaupt. Und das Hauen haben sie sich auch abgewöhnt. Diesbezüglich waren keinerlei Vorkommnisse mehr zu Vermelden. Wenn ich mal so in Mich gehe, und ganz ehrlich bin, war es eigentlich nur das eine und einzige Mal, damals unterm Bett! Und selbst das nicht so richtig. Also geblutet hatte ich nicht, und ich bin mir auch nicht mehr so hundert Prozent sicher, ob sie überhaupt getroffen haben. Es war wohl eher der Schreck, auf beiden Seiten. Angst hatte ich aber wirklich! Merkwürdig finde ich sie auch immer noch, inzwischen klappt die Verständigung aber viel besser, da ich das Prinzip begriffen habe! War eigentlich ganz einfach. "Umgekehrt, war auch was wert". Das war schon alles! Aber!! Eigentlich ganz harmlose Schwanzwedelei, musste nun, rein prophylaktisch, sorgfältig durchdacht und geplant werden, um Katastrophen keinen Raum zu geben. Wenn ich mit dem Schwanz wedle, dann möchte ich direkt auf mich aufmerksam machen, indem ich meinen Duft mal so ein bisschen verwirble, Oder, ich freue mich ganz einfach nur so. Alles total positiv behaftet. Meine beiden "Granaten" hingegen missbrauchen das Kommunikationsmittel

"Wedelei" Als Druckmittel, und letzte Warnung: Komme Ja nicht näher, lasse das, mach dich unsichtbar, oder ich zock dir eine. Klare Ansage, wenn man es weiß, geht aber auch ganz klar zu Lasten jeglicher Spontanität. Meiner Spontanität! Jetzt kann ich meine Freude manchmal erst zeitversetzt zeigen und ausleben, Weil sich einer der beiden gerade unmittelbar im "Freu-Umfeld" aufhält. Cool Ist anders. Alle gucken komisch, wenn ich mich so richtig los freue, eine halbe Stunde später, nach dem freudigen Anlass. Ich spreche trotzdem weiterhin meinen eigenen Dialekt, da bin ich bodenständig und Eigen, aber seit ich nun "Auswärts" ganz gut verstehe, klappt es mit den "Nachbarn". Nette Jungs, wenn man´s genau nimmt. Mamas "Süßen" eben. Irgendwie kommt es mir so vor, Als hätte Mama gleich eine höhere Klingklang, Singsang Stimme, wenn sie mit den Beiden spricht. Ach, und die duften angeblich immer soo guut, wie in Weichspüler gebadet.... Ich müffel eher immer son büschen, sagt Mama. Das gehört so!!!!! Hätte mir auch gerade noch gefehlt, ich, ein Hund, ein Molosser, der nach weichgespült duftet,....duftet!? Hunde duften nicht, niemals, nicht freiwillig!!! Peinlich, einfach nur peinlich so was!
Zu den Beiden passt das vielleicht...wer sich schon den ganzen Tag selber bürstet, und!..... die Barthaare onduliert......... ach man, ich war gerade so gut auf die

Beiden zusprechen.....

Wenn man die Tücken der "Sprachbarriere" Außen vor lässt, kann es durchaus gemütlich sein mit den Beiden. Keiner von uns lief mehr Gefahr zu hyperventilieren, oder kollabieren, beim bloßen Anblick des Anderen, und nicht zuletzt durch meine Sprachbegabung, war auch die Gefahr von Schlägereien weitestgehend gebannt. Ein Meilenstein auf dem Weg zur "Blümchen WG". Harmonie Bis zum Kot-Erbrechen! Ich fürchte allerdings, da wird Mama Zwischen grätschen. So viel Harmonie erträgt sie nicht, wo sie sich doch manchmal direkt schon zum Streiten provoziert fühlt, Weil Papa nie streiten will. Sie findet Streit sogar produktiv, auf jeden Fall sei er zumindest ein Langeweile Killer, wenn man grad keine Lust zum Lesen, Basteln, Kochen, schon gar nicht auf Putzen, oder sonst was hat.
Bei diesem Statement hat Mama, aber ziemlich breit gegrinst. Ich glaube sowieso, Mama, war eigentlich auch ein Molosser. Gemütlich, leicht behäbig, liebt die Bequemlichkeit, gefühlsbetont, gelassen(Situationsbedingte, quasi dynamische Anpassung durchaus möglich), immer interessiert, bellen, eventuell mal präventiv, so zum Fronten klären und Ein Norden, aber beißen, eher nicht, allerhöchstens mal zwicken, mehr so als Betonung zu

verstehen. Einem Molosser doch wie aus dem "Gesicht" geschnitten! Also jetzt mal bitte nicht bildlich zu verstehen! Naja,....obwohl,....figürlich, ...so rein optisch, vom Gesamtpaket...nee......die Muskeln...wo, . Muskeln, woho? Und Samenstränge sowieso nicht, is ja ein Mädel, naja....

Was die Ernährung anging, da bekamen die Beiden, also die Beiden... na gut, da bekamen Otti und Bimmel, etwas anderes als ich. Das war zwar auch Körnerfutter, aber es musste einfach etwas ganz Besonderes sein, weil die beiden Burschies an nichts anderes dran gingen, und Mama hat unsere Fressalien auch immer ganz eindeutig, räumlich getrennt. Ich habe wirklich lange überlegt, ich wollte mich ja zurückhalten, bin drum herum geschlichen, wieder weg, aber es war doch so verlockend! Die ersten Körner habe ich, so mit viel Abstand, mit ganz langem Hals, naja mopslang eben, ganz schnell gemopst, und zack den Kopf wieder zurück, dann noch mal,... lecker!...ganz anders als meine. Jaa, und dann, dann, habe ich mal eben blitzschnell beide Töpfchen weggehauen, wenn schon denn schon. Jaha, logisch, nur den Inhalt, natürlich ohne Töpfchen, bitte keine Anrufe deswegen!!! Nur noch ein ganz paar Körner fehlten der kompletten Portion, da gelte der peitschende, frostige Anschiss wie ein Pistolenschuss an mein sensibles Öhrchen. Eigentlich war es nur mein Name, aber Mama, wer sonst, hat ihn nicht gerufen, auch nicht geschrien, sie hat ihn katapultiert, oder gezündet, explodieren lassen, irgendwas in dieser Richtung. Ich habe mich so erschrocken, bin dermaßen zusammengezuckt, wie von einem Stromschlag getroffen, Als hätte ich gegen einen Weidezaun gepullert, und die Druckwelle von Mamas Donnerhall hat mich einen halben Meter zurück hüpfen lassen. Richtiges Herzrasen hatte ich. Und dann kam natürlich noch die Gardinenpredigt hinterher. Gefühlt, Stunden! Wessen Napf, Wo steht, dass Otti und Bimmel so etwas nie täten, und dass ich ein Geier sei. Ha, eine Beförderung! Und wie passend, Geier frisst Körner. Genial! Mama hat die Situation irgendwie völlig falsch eingeschätzt. Ich wusste doch genau, wo meine Notfallkörner standen!

Aber seit diesem Mundraub war ich mit Otti und Bimmel so gut wie befreundet. Obwohl es deren Alleinfutter war, haben sie sich durch und durch gastfreundlich, völlig unaufdringlich, in höflichem Abstand dazu gesetzt, und Mich alles, ohne jeglichen Ansatz in Richtung Veto, futtern lassen. Das fand ich dann doch beeindruckend, und außerordentlich großzügig. Also ich könnte das nicht! Mit einer anerkennende Geste habe ich dann auch Größe

gezeigt, und schon mal einen von beiden mit mir
zusammen, auf der Fensterbank sitzen lassen, ohne
Schubsen! Nicht mal ein ganz kleines bisschen!

Fresschen war irgendwie immer ein Thema bei uns. Lecker Fresschen natürlich! Und da haben wir es schon. Mama, Papa haben das natürlich für sich selbst entschieden, was lecker war. Meine beiden Spezis hatten sich freiwillig der Askese verschrieben, only "Gefiederten Fastfood", und ich, der einzige, der wahre Fiete Bum, klein aber   oho, "Muscle Men" und Super Mops, Gourmet und Gourmand in einer Person, was war mit mir? Ich wurde gar nicht erst gefragt! War es denn die Possibility? War das nicht schamlose Ausnutzung einer Machtposition, Bevormundung, fast schon Entmündigung? Darf man das? Darf Mama Das? Mama Befand, sie darf. War Ja sowas von klar! Was ich finde, war dann eh schon mal wurscht! So gemein!

Wurscht, mein Stichwort. Wurscht war immer gut! Habe ich dann auch bekommen. Ein Unmensch ist Mama nicht, außerdem war ich schließlich ihre "Knutschkugel", ihr kleiner "Dickposchi", eine kleine "Schweinebacke", ihr kleines süßes "Spanferkel" und ihr "Mopsi". Sowas zahlt sich natürlich, in Form von Leckerchen hier, und Naschie da, schon aus, und Frühstück hatten wir so ziemlich von Anfang an, sowieso gemeinsam. Mein Leberwurstbroti war immer fingerdick geschmiert, mmhhh... und mein leicht ausgestrichenes Honig Tellerchen zum Abschluss! Oder abends, ein dicker, fetter Dürüm, mit Mama geschmackofazt! Ach, das war immer so schöön. Wie oft, hat Mama ihre Leckereien mit mir geteilt. Also nicht direkt Halbe Halbe, Schade eigentlich, aber immerhin ein schönes Stückchen auch für mich. Auch mal Süßes! Kekse, ein Paranüsschen, Popcorn, so lecker. Mama, und ich, wir Essen und naschen Ja beide so gerne. Und plötzlich war einfach so Schluss mit Lecker! Von jetzt auf gleich. Mama! Ich hatte schon ein paar Mal was von zu dick, Abspecken und Diät mitbekommen. Bei "Abspecken" ist bei mir nur "Speck" angekommen, da hatte mir das alte Ohrenleiden mal wieder einen Streich gespielt, ja und sonst habe ich das doch nicht auf mich bezogen, nur weil meine Muskeln ein wenig angeschwollen waren, ich dachte Mama spricht von sich! Zur Gemeinde der "Elfengleichen und Schwerelosen" gehörte sie nun auch nicht gerade...Aber Mama hat genüsslich weiter geschlemmt, die schlemmerlosen Zeiten brachen nur für mich an! Das kann man doch nicht machen, ich war entsetzt, am Boden zerstört, fertig mit der Welt, soo enttäuscht, ein armer Kaspar Hauser Mops, und keiner hat mich lieb. MAma...

Nicht mal mein flehender Hundeblick, den habe ich wirklich drauf, hat was rausgerissen, Mama War nicht zu erweichen. Und dann die Ansage! Für Fiete Ist das alles ganz ganz schädlich, und Schokolade Ist giftig, da kann man dran verenden. Die Mama Opfert sich für Fiete, und isst alles schnell weg. Sie hat das wirklich gesagt, wirklich! Und das aller Schlimmste, sie hat das auch gemacht!

Und ich, ich sollte schon wiedermal den Gefiederten die Körner wegfressen. So ein asoziales Verhalten kann man von mir doch nicht verlangen!

Hungerstreik, das war die Lösung. Ich weigere mich einfach, und ignoriere die Körner, dann Muss Mama Mir etwas schöneres geben! Dachte ich! Mama Sah das ganz anders, wer hätte das jetzt gedacht. Ich habe echt ganz schön lange durchgehalten. Meine Enthaltsamkeit wurde durchaus wahrgenommen, sogar kommentiert. Na, Ist der Fiete ganz eisern, das macht schlank! Fein! Oder Ist Fiete Bum bockig? Wer nicht will, der hat schon, wer nicht frisst, Ist satt. Das war's! Unglaublich! Zum Frühstück gab es auch kein feines Leberwurstbroti mehr, jetzt gab es Cornedbeef, wegen der Kalorien. Man musste schon dankbar sein, dass man überhaupt etwas bekam....

Aber was sich Mama so alles einverleibte, und so viel Schokolade! Mir wurde langsam Angst und Bange. Die ganzen schädlichen, schlimmen Sachen, so viel giftige Schokolade....Mama Opferte sich wirklich für mich! Muss jetzt etwa Mama Verenden? Ich fresse ab sofort doch lieber den Gefiederten die Körner weg! Maama....

Ich habe Wort gehalten! Einmal, damit Mama Nicht verenden musste, wegen mir, und natürlich aus reinem Selbsterhaltungstrieb, nacktem

Überlebenswillen. Die Urinstinkte setzten ganz von alleine ein, fressen, egal was, Hauptsache überleben. Hier bekam man Ja nichts vernünftiges mehr! Außer Körner, die gab es dafür reichlich.

Mit der Zeit fiel dann doch ab und zu auch mal wieder etwas ab, besonders von Papa. Der konnte das Elend von "Seinem Fiete-Jungen" wohl nicht mit ansehen. Ihm war das Figürliche eben nicht so wichtig, darum hat er Mama ja auch schlemmen lassen wie sie wollte, und hat ihr nicht das Beste weggenommen, und selber gefressen!

Er konnte das richtig gut, so ganz heimlich und unauffällig etwas zustecken. Guter Papa. Eben "Papa Gnädig"! Leider habe ich ihn immer wieder in die "Pfanne gehauen"; ich schmatze immer so laut, wenn es besonders lecker war.

Äußerst komisch war nur, obwohl ich nun brav dieses Survival-Futter, Als Hauptnahrungsmittel vertilgte, opferte Mama sich völlig selbstlos immer weiter.

Warum?? Wollte sie sich wegmachen, das Verenden vorverlegen, erzwingen? Andererseits, von Schwächeln, auch kurz bevorstehendem Verenden, war nichts zu merken. Äußerst merkwürdig, gediegen geradezu!

Schuld sein wollte ich auf keinen Fall! Hatte ich wieder zu Doll gefußelt und gestaubt?

Immer mal wieder behauptet Mama, wir seien

Staubmonster und elende Fussler. Absicht hat sie gleich mal mit unterstellt, und entsprechende Strafmaßnahmen in Aussicht gestellt. Wenn wir uns nicht bald zusammen reißen, macht sie uns nackig!

Ich will nicht! Womöglich noch mit dem Epilierer. Hilfe...ich will kein Nackthund sein! Oh Gott oh Gott, die beiden anderen erst, wo die sich doch mindestens den halben Tag die lange Mähne bürsten, mindestens, wenn die jetzt nackig gemacht werden...ich fürchte, dann zünden die wirklich eine Bombe.

Das Gruselige war, bei Mama, weiß man nie so genau......gegen die Kälte hat sie dann aber modischen Häkellook in Aussicht gestellt. Mich will sie in eine gehäkelte Seppelhose stecken. Danke Mama. Was bitte soll man nun gegen genetisch bedingtes Stauben und Fusseln tun? Ruhig in der Ecke sitzen, auf keinen Fall bewegen, und unbedingt flach atmen, damit kein Staub aufwirbelt, und die Haare nicht desertieren können? Das kann man doch gar nicht! Mama Sagt, man kann! Üben, üben, üben! Sie hätte das auch Lange geübt.

Jedenfalls musste ich nun diäten. Der Wolf bekäme auch nicht die leckeren Sachen vorgesetzt, der muss auch fressen was es gerade so gibt. Schon wieder dieser blöde Wolf! Was Mama Bloß immer mit diesem Wolf hat! Was geht mich der Wolf an?

Lebe ich etwa in freier Wildbahn, im Rudel, und falle

über andere Tiere her? Heule ich Nachts den Mond an? Wie wenn Diät an sich, nicht schon grausam genug wäre, da kommt Mama auch noch mit dem Wolf um die Ecke!

Alleine wie sich das Wort schon anhört....Diät,......... Diäät, schrecklich.....

Gebracht hat es aber schon was. Bella wird ganz wuschig wenn sie mich sieht. Ich bin aber auch ein Prachtbursche! So einen Brustkorb, schmale Taille, und dann der knackige runde Poschi. Wow....Sowas macht die Mädels willig!

Trotzdem, dass Mama so herzlos, und so geizig sein kann, das hätte ich nie von ihr gedacht. Aber es sei alles, nur zu meinem Besten! Ja ja...

Ich kann durchaus auch Bescheiden, ich muss gar nicht immer das Beste haben. Lecker und viel reicht schon.

Der situationsbedingter Geiz von Mama, war auch anderen nicht verborgen geblieben. Sie hat immer wieder mal lachend davon erzählt, dass ihre strikte Weigerung, auch mal eine Runde zu schmeißen, bei einem gemütlichen Zusammensein mit Arbeitskollegen, eine fette Rüge einbrachte. Erika, eine ehemalige Arbeitskollegin, hatte sich über so viel Geiz entrüstet, und Mama, einen

"Ollen Geizknüppel" geschimpft. Oller Geizknüppel, mein Reden! Wer jetzt aber etwa glaubt, Mama Würde sich nun wenigstens ansatzweise schämen, eventuell etwa Besserung geloben....

Tja, der kennt Mama eben nicht, der ahnt nicht mal, welchem Schicksal ich mich fügen muss, welche Hungerkatastrophe über Mich herein bricht. So unmenschlich.....

Das Mama, sich voll im Recht fühlte, bedarf eigentlich gar keiner Erwähnung. Sie argumentierte, warum solle sie einen ausgeben, wenn sie gar nichts mehr trinken möchte, dann nochmal aus Höflichkeit mittrinken, da nämlich der Nächste zurück ausgibt, usw. Zum Schluss wäre sie nur "Hackenkacken" voll, was sie nicht wollte, hätte unnütz viel Geld auf den Kopf gehauen, und getrunken, was sie gar nicht trinken wollte. Völlig unlogisch, basta! Aber Erikas Spruch hat sie dann doch fasziniert. Oller Geizknüppel!

Zu Erika gehört der Reiner, die beiden waren eines der beiden noch vollständigen Ehepaare. Aus alter Tradition gehen die vier noch immer regelmäßig zum Chinamann, lecker "Fresschen" machen. Die beiden Langhaarigen und ich bleiben zu Hause, schnüffeln überall ein bisschen rum, da, wo wir sonst nicht rumschnüffeln dürfen, hängen ab, chillen, und warten, dass unser Personal, die beiden Zweibeiner, wieder eintrudeln.

Ich glaube, so richtig toll findet Mama Das aber doch irgendwie gar nicht. Hinterher, war sie immer ganz fürchterlich am Jammern, wie schlecht es ihr geht, alles drückt, und klemmt, der Bauch tut weh, und sie hätte eine außerordentliche Magenerweiterung. Schlimm! Warum geht sie da bloß immer wieder hin, wenn man sie da doch so quält? Ob Mama sich wieder opfern, und die ganzen giftigen Sachen Essen muss? Papa leidet mehr still, so nach innen, ganz für sich alleine. Nur ab und zu, ein leises Stöhnen, und eine beinahe besänftigende, streichelnde Handbewegung, über den bedrohlich angeschwollenen Bauch. Ein sicheres Zeichen, dass sie mal wieder Gourmand waren, und nicht Gourmet. Ich kenne da keine Gnade, und springe trotzdem, voller Begeisterung, dass er wieder da war, auf Papas Bauch. Die gequälten Schmerzensschreie ignoriere ich einfach. Selber schuld, warum haut er sich auch den Wanst so voll!

Obwohl, ein wenig Sorgen mache ich mir schon, wenn die beiden halb tot hier an gewankt kommen.

Das Mama Sich etwa vergiftet hat, einer von beiden womöglich platzt.

Direkt während der ausschweifenden Völlerei, scheint allerdings eine Erstversorgung im Notfall,

gewährleistet zu sein. Reiner muss ein Doktor, ein Arzt sein. Mama war nämlich hinterher jedes Mal voll begeistert, weil ihre Blutdruckwerte wieder so hervorragend waren. Das muss nur mit Reiner zu tun haben. Mama Spricht dann auch schon mal von "Mein Freund Reiner"! Und manchmal auch von, "Kleiner Freund an großen Freund". Ich wüsste doch zu gerne, was da abgeht. Ist Mama der Kleine Freund, und Reiner der Große Freund? War das ein Geheimcode? Man weiß es nicht. Mama Rückt mit keinen weiteren Informationen, Daten, Fakten und Hintergründe raus. Nur, "Da geht aber die Luzzi ab, oder "Da brennt die Luzzi".
Wer war Luzzi, wohin geht sie ab....und warum brennt die arme Luzzi, das war Ja furchtbar!!!
Diese Episode bleibt wohl ungeklärt.

Erika und Mama, müssen sich in Vielem ähnlich sein. Äußerlich wie Innerlich, also so von der Art her. Erika soll auch, wie Mama, mit der Gnade der Schmerzfreiheit gesegnet sein, was eben gewisse Dinge und Ansagen betrifft, und sich auch nicht immer unbedingt die Zeit nehmen, erstmal die Glacéhandschuhe überzustreifen. Außerdem sei Erika auch noch ein Multitalent, sagt Mama. Wenn es mal gerade nicht mit Rechts geht, dann macht sie es mit Links. Die kann das!

Dazu noch Doktor Reiner, die Koryphäe in Sachen Blutdruck. Passt doch!

Am Morgen danach, wenn der geschundene Leib wieder halbwegs entschwollen ist, und die armen, gequetschten, eingeschnürten Organe an ihren ursprünglichen, angestammten Platz zurück gleiten konnten, die Frühstücksbrötchen wieder schmecken, als wäre nichts gewesen, dann spricht man schon wieder vom nächsten Mal, und rechnet, von Vorfreude durchströmt, bereits den nächsten, eventuellen Termin aus. Sind Mama und Papa nun Masochisten, oder doch einfach nur verfressen, so wie ich?

Onkel Jörg, Mamas Bruder, kann das nicht verstehen, wie man so viel, freiwillig, und auch noch gerne, Essen kann. Er findet Essen, ein notwendiges Übel, und beugt sich der rüden Gewalt, Essen oder verenden, lediglich aus reinem Selbsterhaltungstrieb. Von Luft und Liebe leben, würde ihm eigentlich völlig genügen. Luft wäre schon mal reichlich vorhanden, jedenfalls wenn ich nicht so viel pupse, und das Ozonloch ausweite, und Liebe, dürfte auch nicht das ganz große Problem sein. Onkel Jörg ist nämlich sowas wie ein Womanizer! Der Mann, dem die Frauen vertrauen. Selber schuld! Mama Versteht gar nicht, was die "Chicas" an ihm nun so besonders finden. Er hat Was, ohne jeden Zweifel, aber sooo schön ist er doch nun auch wieder nicht, meint sie, und geizig ist er noch dazu!

Das muss ich allerdings bestätigen. Noch nie hat er mir ein Leckerchen mitgebracht. Noch nie! Nicht eins! Aber ich mag ihn trotzdem so gerne, und freue mich immer ganz Doll, wenn er kommt. Außerdem ist er Mamas Lieblingsbruder. Wobei man allerdings erwähnen sollte, Mama hat nur den einen Bruder! Also groß mit Auswahl war da nicht. Dafür hat sie aber auch noch eine kleine Schwester, Tante Katja, die kenne ich leider noch nicht persönlich, da sie wohl ein bisschen weiter weg wohnt, einmal quer übers. große Wasser. Mit hin schwimmen tue ich aber nicht, ich bin bekanntlich extrem wasserscheu!

Manchmal erzählt Mama von früheren Zeiten. Ganz besonders viel von den alljährlichen Familientreffen, am Heilig Abend, bei Oma und Opa. Es müssen einschneidende Erlebnisse gewesen sein. Tante Katjas Mann soll so wunderbar den stimmungsvollen Teil des Festes eingeläutet haben. Seine eigenwillige, ganz individuelle, persönliche Interpretation des bekannten Weihnachtsliedes "O Tannenbaum", mit ganz neuer, perlender Tonfolge aus scheinbar anderen Sphären, soll die ganze Familie immer wieder beinahe zu Tränen überbordender Freude gerührt haben. Auch die Inbrunst, die Losgelöstheit von allem

Irdischen, mit der dieses alte Volkslied dem geneigten Zuhörer dargeboten wurde, direkt vor dem festlich geschmückten Weihnachtsbaum, bleibt nie unerwähnt. Auch Onkel Jörg erinnert sich gerne daran zurück, und es wird immer noch mal betont, dass der Gesang sehr sehr eigenwillig war. Warum Mama, und Onkel Jörg dann aber immer so lachen, verstehe ich allerdings nicht. Sie waren doch immer beinahe zu Tränen gerührt! Schade, dass ich noch nicht dabei war.

Tante Katja, nicht nur so eine Tante, sie Ist sogar eine Reisetante, und soll schon viel von der großen weiten Welt gesehen haben! Wenn nicht immer so viele Verpflichtungen anlägen, wäre sie am liebsten nur auf Reisen, quer durch alle Kontinente. Das muss sie wohl von ihrer Mutter, von Oma haben, die wird oftmals von Mama, und Onkel Jörg, der "Globetrotter" genannt.

Tante Katja beherbergt übrigens auch zwei solche merkwürdigen Hunde, die sich den ganzen Tag lang selber bürsten. Und ich weiß auch, dass ihre beiden Süßen, Paulchen, der Andere Rocky heißen.

Ich bin immer noch ein wenig skeptisch. Nirgendwo treffe ich diese spezielle Rasse der Andersartigen, aber in unserer Familie haben sie sich anscheinend eingenistet, direkt festgesetzt. Besonders der weibliche Teil scheint ihnen verfallen zu sein. War es etwa doch eine Terrorzelle, mit zur Zeit noch inaktivierten Schläfern?

Wenn ich gerade in aufopfernder Pflichterfüllung, Patrouille auf der Fensterbank gehe, als Kontrollorgan, wegen der rücksichtslosen Verschandelung meines Rasens, durch unorganisiertes Ablegen von Tretminen, weiß ich immer als erster, dass Onkel Jörg zu Besuch kommt. In solchen Ausnahmesituationen, unterbreche ich selbstverständlich sofort meine Schicht, um auf jeden Fall rechtzeitig, Als das „Ein-Mann Begrüssungskommitee", an der Tür parat zu stehen.

Es klingelt, ich bin total hibbelig, fiepe, und tipple aufgeregt hin und her. Endlich war Onkel Jörg da! Mein Besuch! Und dann.... Er kommt rein, sagt kurz "Hallo Fiete", und das war's! Das w a r es!!!   Nicht mal anspringen darf ich ihn. Nicht mal das! Ich komme dann sofort an die Leine, damit ich sein gerade, frisch operiertes Knie, nicht verletzte. Das kann man gerade noch so gelten lassen. So richtig anspringen durfte ich ihn aber auch vorher nicht. Liebevoll und inbrünstig abschlecken auch nicht. Noch nicht mal einen Zungenschlag übers. Ohr konnte ich anbringen! Dabei zeige ich meine Zuneigung so gerne mit vollem Körpereinsatz, und hinterlasse großzügig auch ein bisschen von meinem schönen beigen Fell zur Erinnerung. Es wird einfach nicht gewürdigt!

Während Mama, und Onkel Jörg meistens das „Orakel" befragen, Mamas Computer, hänge ich angeleint bei Papa ab. Ich wüsste zu gerne, was die beiden da immer mit dem komischen Kasten zu fummeln haben. Da wird dann intensivst rein gestarrt, diskutiert, gerne auch mal beleidigt, wer nun gerade wieder begriffstutzig wäre, und sich dämlich anstelle, usw. Meistens, eigentlich immer, gewinnt Mama eine dieser begehrten Auszeichnungen und Titel, dann wird wieder verbissen dran rumgefummelt.

Bei Papa bin ich eigentlich immer gerne. Jetzt aber nicht, jetzt möchte ich lieber mitmischen und anspringen, dazwischen wuseln, ein bisschen toben und albern sein, gebührend beachtet werden, im Mittelpunkt stehen, und auch mal in den ominösen Kasten gucken! Eben nicht nur dabei, sondern mitten drin sein. Das wird Einem mal wieder nicht gegönnt. Typisch Zweibeiner! Alles was besonders Spaß macht, müssen sie gleich mal unterbinden, im Keim ersticken, und verbieten. Wie öde! Manchmal ist es wohl aber auch sehr nervenaufreibend, besonders dann, wenn das "Orakel" mal wieder "Fremdsprachen" spricht, Mama es nicht mehr versteht, weil ihr "Südmongolisch" stellenweise schwächelt, und einen Hilferuf absetzen muss. Dann kommt Onkel Jörg, und richtet es wieder. Der kann das! Mama, tituliert ihn gerne auch mal, der Mann für alle Fälle, was Technik und Handwerklichkeit angeht, obwohl er beruflich mehr so ein "Schreibtischtäter" Ist. Die Chicas wissen sicher noch so einiges mehr an ihm zu schätzen, und zu belobigen. Meint Mama!

Tante Ulrike nimmt's gelassen. Erstens kennt sie die befreundeten Damen selber sehr gut, und außerdem lässt sie ihren Gatten tagsüber erstmal schön die Brötchen verdienen, abends ist er brav zu Hause, die Rente ist ihr sicher, und das bisschen Vergnügen, ein paar Balzrituale zu vollführen, gönnt sie ihrem Gatten halt. Eigentlich eine Traumfrau.

Mama wüsste zu gerne, wieviel Schadenfreude da mitspielt, wenn sie ihn abends wieder mitnimmt.

Othello und Herr Bimmel haben auch keinen Sinn für Humor und Geselligkeit. Immer wenn Besuch kommt, waren sie verschwunden, unsichtbar, wie vom Erdboden verschluckt. Äußerst verdächtig. Ich bleibe da bei meinem Anfangsverdacht, sie haben etwas zu verbergen, wollen unentdeckt bleiben, um jeden Preis. Auch wenn sie zu mir jetzt sehr freundlich tun, ich bleibe vorsichtig. Von vorne ins Gesicht lachen, und von hinten........man hört Ja so Einiges! Mama, natürlich wieder uneinsichtig. Sie bleibt stur dabei, dass es ihre Süßen waren, soo schmusig, soo kuschelig und soo weiiich....oooohhhhh... Papa macht da auch noch mit, wo er doch sonst immer so besonnen war! Ich verstehe das nicht. Es soll nachher keiner sagen ich hätte nicht gewarnt! Überhaupt, so schmusig! Aufdringlich waren die, richtige Schleimer manchmal.

Wenn die ihre drolligen fünf Minuten haben, war das kaum mit anzusehen. Dann schleichen sie den Zweibeinern um die Beine, reiben mit dem Kopf dran rum, machen auch noch einen langen Hals dabei, und selbst mit ihrem langen Schwanz tatschen sie noch an Mama und Papa rum, wickeln ihn am liebsten um die Beine! Und dann machen sie auch noch Geräusche dabei. Gurren und zirpen. Geradezu widerlich war das. Ich kann da gar nicht hingucken. Und ich mag das auch nicht haben. Wenn sie es zu Dolle treiben, meine Grenze des Erträglichen überschritten wird, springe ich rigoros dazwischen, ohne Rücksicht auf Verluste, besetzte Papas Schoß, oder ich drücke mich ganz dicht an Mamas Beine, dass die beiden Schleimer nicht mehr dazwischen kommen. Wenn ich das mache, ist das etwas ganz Anderes, und wohlgetan sowieso!

Schmusen, und der Beweis außerordentlicher Zuneigung, geht ganz anders. Da nimmt man ordentlich Anlauf, um auch wirklich mit Schmackes bei dem zu Verwöhnenden zu landen, und dann schleckt man über alles drüber, was man irgendwie erwischen kann. Das Ohr sollte immer gerne dabei sein, aber alles Andere geht auch. Meist zieren sich die von Liebe Überschütteten ein wenig, es war ihnen wohl etwas peinlich, einen so offenkundigen Beweis der grenzenlosen Liebe zu bekommen. Das müssen sie aber gar nicht. Ich mache es doch gerne, und tue dann immer so, als bemerke ich es nicht, und mache munter weiter. Besonders Mama, war dann vor lauter Rührung total übermannt, und richtig aufgewühlt. Ich merke, wie sie es durch Übersprunghandlungen zu kompensieren versucht, indem sie mich abzuwimmeln, schubst, versucht jedes nackte Stück Haut zu bedecken. Aber ich bin natürlich besser, und erwische sie doch jedes Mal! Dann bedenkt Mama Mich mit den herrlichsten Kosenamen, dass mir ganz warm ums Herz wird.

Das reicht von Wahnsinnshund, bis hin zum Schweinepriester. Dazwischen natürlich noch sämtliche Nuancen der sprachlichen Farbpalette. Da war Mama, wirklich nicht geizig. Da schöpft sie aus dem Vollen!

Die eine, wie andere Beförderung war durchaus auch immer wieder mal drin. Ach, das ist aber auch immer zu und zu schön!... SO schmust man!

Kuscheln geht nochmal Anders. Das praktiziere ich besonders gerne nachts, im Bett. Wenn man mich lässt, was immer so eine Sache war. Manchmal muss man die Zweibeiner recht nachdrücklich bearbeiten, reichlich Überzeugungsarbeit leisten, bis sie sich endlich einsichtig zeigen, und begreifen, was gut für sie ist, oder, einfach entnervt aufgeben. Wie rum das nun am besten funktioniert, war mir egal, Hauptsache es führt mich zum gewünschten Ziel. Mamas Potenzial, bezüglich der Einsichtigkeit, war nur sehr sehr mäßig ausgelegt. Ihre Geduld sowieso! Als Diese verteilt wurde, muss Mama geschwänzt haben, oder war gerade mal wieder eine Rauchen! Das Wort Geduld, gibt es in ihrem Wortschatz anscheinend erst gar nicht. Mama war der Meinung, warten muss sie im Zweifelsfall sowieso, warum soll sie dann noch freiwillig Signale senden, dass sie Geduld üben will. Da pusht sie doch lieber mal ein bisschen. Auch die Angewohnheit, mir gegenüber immer das letzte Wort haben zu müssen, war fast schon zwanghaft. Ganz schlimm! Nie bekomme ich Recht.

Wenn wir drei dann endlich gemütlich in die Heia abmarschieren, war meist auch nochmal Stress mit Mama, vorprogrammiert. Ich brauche halt immer so meine Zeit, bis ich das perfekte Plätzchen hin gewühlt habe. Da ich nun mal ein Mops bin, untermale ich meine Aktionen eben mit einem Grummeln, Grunzen und Schnorcheln. Das macht man, Als Mops, halt so. Schon kommen dann die ersten Kommentare von Mama, Ich grunze wie ein kleines Ferkel am Trog, ich solle meinen dicken Poschi endlich irgendwo ablegen, und die kleinen Glotzies zu machen.

So geht das aber nicht. Ich bin doch noch lange nicht fertig! So was braucht seine Zeit. Da muss man schon Sorgfalt walten lassen. So wie man sich bettet, so liegt man. Da weiß man doch! Also gebe ich natürlich weiter Gas, was Mama, mit Seufzern, und gequältem Stöhnen unter der Bettdecke quittiert, und ich grunze dazu. Quasi eine kleine Gute Nacht Musik. Toll!

Meine Entscheidung, wo ich nun erstmal nächtigen möchte, war so gut wie gefallen. Ich habe ausgiebig getestet und Liegeproben genommen, will es mir gerade so richtig gemütlich machen, da schießt es mir so durch den Sinn, es könnte doch etwas frisch werden in der Nacht, und es wäre vielleicht klüger, diese Möglichkeit vorausschauend, gleich mit in Betracht zu ziehen, und entsprechend würdigen.. Also disponiere ich kurz entschlossen noch einmal um, und entscheide spontan, dass ich doch lieber mit unter die Bettdecke möchte. Und schon rollt die nächste Angriffswelle. Attacke!! Genau so reagiert Mama. Als hätte ich den Krieg erklärt; die Annexion ihrer Bettdecke angekündigt! Dabei will ich doch nur gemütlich mit drunter schlüpfen. Keine Chance bei Mama. Alles wird dicht gehalten, durch die Bettdecke wird geschubst und geknufft, und dann setzt Mama sogar noch den Bauch ein, als eine Platzverdrängungskapazität, nur damit ich kein

Plätzchen ergattern kann. Unglaublich! Papa macht kein Theater. Der hebt einfach nur die Decke an, und schwupp bin ich drunter. Da wart es auch viel schöner. Da war wenigstens Platz, eine richtige Mulde sogar, Weil Papa keinen Bauch hat, jedenfalls keinen dicken. Obwohl Mama mich gar nicht mehr sieht, schimpft sie erstmal noch eine Weile weiter. Über Papas Unvernunft sowas nicht nur zu dulden, nein, auch noch zu unterstützen! Seit wann ein Viech eine Zudecke braucht, er hat schließlich seine eigene Bettdecke, sein Fell, sogar angewachsen, usw. Da bin ich ab und zu also ein Viech. Mama, legt sich aber nie fest, was für eines. Also keine Beförderung. Schade! Und dann fängst sie meist auch noch mit den anderen Leuten an. Was die bloß wieder denken sollen, und was die erst dazu sagen würden..... Nun hatte ich Mama doch schon ziemlich am Anfang unseres Zusammenlebens so weit, dass sie selber eingesehen hatte, was uns die anderen Leute angingen. Nämlich gar nichts! Und jetzt so ein Rückfall. Während sich Mama, mal so richtig alles von der Seele redet, haben Papa und ich das traumhaft kuschelig. Papa krault Mich heimlich dabei, und tut so, wie wenn er schon schliefe, und ich höre Mama Noch ein bisschen zu, gedämpft durch Papas Bettdecke, genieße, und segle so langsam weg. Schöön!!
Überhaupt, von welchen Fremden Leuten Mama Da

bloß immer spricht. Mysteriös! Ich lebe hier nun schon eine ganze Weile, aber nie, wirklich noch nie, haben hier nachts irgendwelche fremden Leute vorbeigeschaut, bei uns im Schlafzimmer gestanden, und kontrolliert wer wo, und bei wem, unter wessen Decke schläft. Das war wirklich noch nie vorgekommen! Außerdem, "Jeder soll nach seiner Fasson selig werden", dafür hat sich schon der "Alte Fritz" ausgesprochen!

Wenn Mama so langsam die Argumente ausgehen, die Schimpfkanonade abebbt, dann dauert es auch nicht mehr Lange, sie schmeißt sich beleidigt auf die entgegengesetzte Seite, und schlummert auch so langsam ein. Ich könnte ja auch immer gleich zu Papa unter die Decke krabbeln, aber Mamas Auftritt ist immer so spannend, eindrucksvoll und gelungen! Wenn ich mich nachts doch heimlich bei ihr ankuscheln, dann krault sie mich aber auch. Sogar im Schlaf!

Mama war sowieso ein Fall für sich. Es fällt ihr außerordentlich schwer, mal etwas ohne Widerworte, einfach so hinzunehmen. Es muss erstmal bekrittelt werden, sonst war das nichts.

Man darf das nicht immer so ganz wörtlich nehmen, grundsätzlich erhebt Mama den Anspruch auch gar nicht. Wenn sie etwas wirklich todernst meint, kommt das auch sehr eindeutig, und unmissverständlich rüber.

Ich muss da immer genau aufpassen. Wenn ich manchmal so meine eigenen Ansichten vertreten und ausleben möchte, und Mamas völlig konträren Anweisungen und Ausführungen konsequent ignoriere, dauert es erfahrungsgemäß nicht wirklich Lange, dass Mama ihr Anliegen derart drastisch vorträgt, das es keinen Zweifel an der Ernsthaftigkeit zulässt. Dann darf ich sie auf gar keinen Fall angucken, sonst hilft auch das plötzlich, und unerwartete Einsetzen meines Ohrenleidens, rein gar nichts mehr. Jeder Stocktaube könnte nämlich Wort für Wort, auch ohne Gebärdendolmetscher, klar von ihrem Gesicht ablesen! Mama, konnte auch mit dem Gesicht sprechen. Sogar Klartext! Und, sie muss auch hinten Augen haben! Egal wie leise und vorsichtig ich vorgehe, wenn ich beim Unfug treiben unbedingt unentdeckt bleiben möchte, Mama sieht es, ahnt es, hört es, oder was weiß ich, wie sie es anstellt. Ganz schön frustrierend! Mama Behauptet, sie rieche es förmlich, wenn ich dummes Zeug vorhabe. Stinke ich wirklich so Doll?

Dann wäre es fast verständlich, wenn Mama, ab und An, moniert, dass ich mit im Betti schlafe. Aber so richtig weiß Mama Selbst nicht was sie will.

Wenn es mal wieder ein sehr Langer, gemütlicher Fernsehabend war, pflege ich hin und wieder schon mal im Fernsehsessel ein Nickerchen zu machen.

Schön auf dem weichen Kissen hin drapiert, das volle Programm, mit Entspannung total und so, ich berichtete Ja schon davon. Papa hat meist auch schon eine Runde vorgebubut, bis er sich dann, meist Als Erster, in unser Schlafgemach, zur Tiefenentspannung zurück zieht. Otti und Bimmel können sich schwer entscheiden was sie nun wollen, und pendeln zwischen den Zimmern hin und her. Schauen nach, ob Papa gut angekommen war, dann schauen sie noch mal bei Mama, und mir vorbei, ob auch alles seine Ordnung hat, und seinen gewohnten Gang geht. Ginge es nach den Beiden, dürfte sich nie etwas verändern. Wenn Mama, nur mal eine Kleinigkeit umstellt, werden sie schon ganz unruhig, und inspizieren die Lage genauestens. Bloß keine Veränderungen....

Mama, schaut noch einen Augenblick in den Glotzomaten, räumt ein wenig auf, und macht sich auch langsam Abmarsch bereit. Ich relaxe dabei, lasse mein Gaumensegel entspannt flattern, und nehme alles wie durch einen großen weichen Wattebausch wahr. Gemütlich!

Wenn der letzte Akt, das Lichterlöschen, vollzogen war, kommt Mama, noch mal zu mir. Sie beugt sich zu mir runter, streichelt Mich, klopft mir liebevoll, leicht auf den Poschi, und sagt Bescheid, dass es jetzt ins Bett geht, Papa sei auch schon in der Heia, und

Mama und Fiete gehen jetzt auch. Ich rolle mich dann auf den Rücken, recke und strecke mich ganz genüsslich, lasse mir noch schnell mal den Bauch kraulen, und rolle Mich erstmal wieder ein. Mama, marschiert ab. Ich höre sie noch ein paar Worte mit Papa sprechen, und dann geht es los. Einerseits soll es leise sein, andererseits soll ich es aber auch hören. Es war der von vornherein zum Scheitern verurteilte Versuch, leise, laut zu sprechen. Mama, versuchte krampfhaft, das Unmögliche möglich zu machen. Beeindruckend, und urkomisch zugleich. Diesen Widerspruch in sich, dennoch zu vereinen, schafft nur Mama, zumindest versucht sie es! Es waren also Flüsterschreie, die da meine schläfrigen Ohren erreichen.

Fiete!!,...... Fiete komm schnell in die Heia. Fiete, wo bleibst du denn!!?? Fiitee, komm schnell zu Mama... Fiete!.... Fietilein!

Na ja, Mama hatte so viel Leid und Schmerz in die Stimme gelegt, so viel Sehnsucht nach mir stimmlich intoniert, da kann ich doch gar nicht anders. Da komme ich dann eben an getrippelt, hüpfe aufs Bett, wälze mich irgendwie über Papa rüber, und beginne mit meiner Schlafplatzwahl. Egal wie spät, immer sorgfältig, das volle Programm, unter Berücksichtigung sämtlicher Rituale. Ganz besonders motiviert, nach so einer eindeutige Einladung .....

Mama, kann gar nicht ohne mich!

Wie kann sie dann fünf Minuten später rum mosern, und Mich am liebsten aus unserem Bett verbannen wollen? Mama konnte! Verstehen muss man das nicht, und sie machte es auch nicht immer! Nur manchmal, dann aber gründlich, und mit dem Brustton der Überzeugung. Was, Mama Macht, macht sie halt ganz, gewissenhaft und ordentlich. Ganz oder gar nicht, war Mamas Devise. Gar nicht, kann sie aber auch sehr gut. Das sei immer noch besser wie halber Kram. Mama war eben äußerst selten um eine Ausrede verlegen. Die noch so ausgefeilten Ausreden Anderer, werden allerdings sofort in ihre Bestandteile zerlegt, analysiert, als haltlos deklariert, und ersatzlos gestrichen. Ihr solch stümperhaftes, leicht durchschaubares, gedankliches Wirrwarr überhaupt ans Ohr zu tragen, empfindet Mama Als Zumutung, als Affront, bezüglich ihrer Intelligenz.

Gut, dass sie das jetzt nicht gehört hat. Allein, ihre wohldurchdachten Ausführungen, und durch und durch schlüssigen Argumente, so Mamas Anspruch, als schnöde Ausreden einzustufen, kommt in Mamas ganz persönlichem "*Klassifizierungskatalog der Sündenfälle*", einer "Todsünde" schon bedenklich nahe.

Abends, haben Mama, Papa regelmäßig die

Sendungen von dem "Hundeflüsterer" Martin Rütter, aufmerksam verfolgt, wie er aufmüpfigen Kumpeln die Leviten gelesen, und die Benimmregeln, im Umgang mit Zweibeinern gepaukt hat. Die Erfolge wurden gebührend bestaunt und bewundert, zumal einige der äußerst anschaulich vorgeführten Unarten und Pflegeleien auch zum meinem festen Repertoire gehörten. Die fiesen Umerziehungsmethoden fanden besonders bei Mama, begeisterten Anklang. Ich habe natürlich wie immer mit geschaut, und wankte von einer Beklemmung zur Nächsten. Was blühte mir künftig? Welch ein Schicksal würde mich ereilen? Wollte Mama Mir so was etwa auch zumuten? Von Papa musste ich in dieser Richtung nicht viel befürchten. Papa war viel zu gutmütig, und zu bequem, sagt Mama, sich die Mühe zu machen, Mich abzurichten, und gefügig zu machen. Naja, mich zu erziehen. Die Gefahrenquelle war nur Mama! Wobei "nur Mama", schon eine Untertreibung, eine Verharmlosung in sich war, und durchaus einer folgenschweren Fehleinschätzung gleichkommen kann. Muss ich demnächst in militärischem Stil exerzieren, und zur Marschmusik marschieren? Oder etwa nackig, in gehäkelter Seppelhose auf der "Stummen Treppe" hocken? Nein, das fiel schon mal flach, wir haben gar keine Treppe! Ins Treppenhaus wird mich wohl nicht mal Mama Abschieben....Oder?

Wirklich sicher bin ich mir da nicht.

Auch, wenn Mamas Begeisterung doch sehr auffällig, Bis hin zu beängstigend war, umsetzen wollte sie das Erlernte dann aber doch nicht. Sie hat mich geknuddelt, und mir fest versprochen, dass sie keine, mit Ketten und Schlüsseln bestückte, scheppernde Dose nach ihrer kleinen dicken Robbe schmeißen würde. Ich sei Ja kein gewöhnlicher Hund, sondern ein kleiner süßer Mopsi, der darf manchmal ein bisschen verrückt sein. Jedenfalls bei Mama, und Papa.

Mama Konnte so lieb sein, wenn sie will, und ich war so erleichtert, dass der Kelch noch einmal an mir vorüber gegangen war. Auch die diesmal direkt liebevoll ausgefallene Beförderung, zur kleinen dicken Robbe, war mir nicht entgangen. Papa hat die Angelegenheit nur wohlwollend ab genickt. Seitdem schaue ich die Sendung doch viel entspannter, und manchmal mit ein bisschen Schadenfreude. Aber wirklich nur ein ganz kleines bisschen.

Eigentlich habe ich mir Mamas Güte auch redlich verdient. Schließlich habe ich schon als Welpe gutes Benehmen an den Tag gelegt, und auf das durchaus übliche Zerfetzen von Hausschuhen, und Benagen von Stuhlbeinen, großmütig verzichtet. Meine beiden langhaarigen Mitbewohner hatten sich keineswegs so Zweibeiner konform verhalten. Noch heute zeugen einige tiefe Narben im Tapetengewebe von ihren Untaten. Die haben aber auch unerhört Lange, spitze und scharfe Krallen. Ich habe nicht solche Waffen. Ich könnte wetten, die maniküren sich die Dinger selber so spitz zu. Ein Wunder, dass sie die, bei deren Eitelkeit, nicht noch lackieren! Aber das kann ja noch kommen. Überhaupt, doch wieder typisch für die Beiden! Die Spuren ihres Vandalismus haben sie erstmal wieder geheim gehalten. Schön verdeckt, in aller Ruhe Schaden verursachen! Und hinterher haben die beiden "Süßen" garantiert noch gaanz lieb mit Mama Geschmust. Diese Philister! Das Mama Aber auch immer wieder so mit denen schmusen muss. Für sowas bin ich doch jetzt da! Und ich kann richtig gut schmusen, mit vollem Körpereinsatz!

Momentan, nimmt mich allerdings mein Kontrolldienst auf der Fensterbank noch mehr in Anspruch wie üblich. Mein Rasen feiert gerade den Frühling mit einem Meer von Osterglocken, und er lässt sich wirklich nicht lumpen. Eine gelbe Pracht, die Blümchen stehen in kleinen Pulken, dicht an dicht. Leider schränkt das meinen Überblick erheblich ein. Die Kumpel wuseln da durch, ohne die Schönheit der Natur eines Blickes zu würdigen, tauchen ab, und wieder auf, mähen dabei jeden Menge Blütenköpfe ab, oder trampeln gleich ganze Büschel nieder. Die begleitenden Zweibeiner dünnen die Pracht dann auch noch mal aus, indem sie die Blüten mit den Leinen köpfen. Und ich, ich kann nicht sehen, ob heimlich Tretminen gelegt werden. Zum verrückt werden! Mir schwant da Fürchterliches. Die orangefarbenen Tretminenentsorgungstütchen kommen nämlich seit der Blütenpracht auffallend weniger zum Einsatz. Obwohl ich mit den Nerven eh schon fast am Ende bin, muss Mama Mir noch einen Spruch rein drücken.

Fiete guck mal, "Zwischen Rosen und Narzissen, hat ein kleiner Hund geschissen".

Ha, ha,..... was haben wir gelacht.

Wenn Mama, und Papa ohne Mich weggehen, habe ich obendrein auch noch striktes Fensterbankverbot. Sie befürchten, dass ich eventuelle Verstöße zu stark zensiere, und meine Ordnungsrufe leicht überzogen ausfallen könnten. Die Gelegenheit, Mich über dieses Verbot hinwegzusetzen, bekomme ich gar nicht erst, mir werden einfach Vorhänge vor die Nase gezogen. Da hocke ich dann auf meinem "Siegertreppchen", und das war's dann auch. Man hindert mich glattweg, in der Ausübung meiner Pflichten! Unglaublich!

Das Schlimmste, das Deprimierendste daran war aber, dass die beiden Schlawiner es schaffen, trotzdem durch den Schlitz zwischen den Vorhängen, auf die Fensterbank zu springen. Obwohl wir inzwischen richtig gut miteinander auskommen, waren das Momente, in denen ich sie einfach nicht ausstehen konnte. Ums Verrecken nicht! Wieso können die das, und ich nicht? Einfach frustrierend...

Und, da ein Mops, also auch ich, ein gaanz sensibles Wesen war, muss ich meinen Frust irgendwie wieder abreagieren. Und das mache ich dann auch mit Hingabe. So eine Rolle Klopapier kann da direkt Wunder bewirken.

Wenn man sich wirklich darauf einlässt, und hochkonzentriert arbeitet, löst sich jede Verstimmung in Wohlgefallen auf. Taktische Vorgehensweise war Voraussetzung. Als Erstes muss die Rolle runter von der Halterung. Das war der schwierigste Teil. Immer wieder Hüpfen, gegenstoßen, rumrangeln, bis sie aufgibt, und sich fallen lässt. Und dann war es nur noch Spaß wie Freude pur. Versprochen! Sie einfach so Stück für Stück abzurollen und zu entblättern, wenn sie sich ein wenig ziert, und ein Stückchen wegrollt, hinterher, und wieder ein Stück abpflücken, in den ganzen Wust reinspringen, rumscharren.....einfach herrlich! Und als extra Bonbon, die beiden Angeber sind inzwischen auf mein Treiben aufmerksam geworden, kommen angeschlichen, staunen Bauklötze, schauen mir fast ehrfürchtig zu, und ich, ich ignoriere sie, und lasse sie natürlich nicht mitspielen. Einfach toll!!!! Ich schleppe dann noch die Fetzen durch die gesamte Wohnung, und verteile ein wenig hier und da. Meine beiden Spezis amüsieren sich inzwischen mit der freigelegten Papprolle, indem sie sie durch die Bude kicken und hinterher springen. Sollen sie ruhig, ich bin jetzt durch mit der Klo Rolle, und nehme mir mein Spielzeugkörbchen vor. Erstmal alles auskippen, gut verteilen, und dann die größeren Stofftiere ordentlich durchschütteln, und durch das Zimmer schleudern. Welch´ Freude, ich habe meine komplette Schnuller Sammlung wieder gefunden! Lagen wohl ganz zu Unterst im Körbchen. Meine Sammlung war schon recht umfangreich, alle selbst gefunden, und aufgesammelt! Die Dinger liegen öfter mal vor der einen Arztpraxis, an der wir beim Gassi gehen vorbei kommen,. Weil mich die Schnullis so begeistern, und ich sie schon beim Finden vor lauter Freude in die Luft schleudere, darf ich sie behalten. Ich trage sie sogar selber nach Hause, jedenfalls den halben Weg. Aber immerhin. Mama muss natürlich unbedingt Fotos machen, wie ich gerade Einen bearbeite. Alle dachten, ich nuckle richtig daran. Also wirklich, ich bin doch kein Baby! Ich kaue und gnatsche nur gerne darauf rum. Mache ich jetzt auch gleich noch, eine Runde gnatschen. Aber die Gerüchteküche muss eben immer etwas zum Köcheln haben.

So, ich bin wieder ent-frustet, ausgepowert, und ziemlich ermattet. So ein komplettes Frustfreiprogramm war nicht Ohne! Der Nebeneffekt, die Deko, sieht aber richtig gut aus. So aufgelockert und freundlich! Ob Mama das auch so gut gefällt? Jetzt mache ich erstmal ein Nickerchen.

Als Mama nach Hause kam, war sie einfach sprachlos, etwas ganz Besonderes, weil äußerst selten. Leider nicht vor Begeisterung, eher eine Schockstarre. Mama hat sich erstaunlich schnell wieder gefasst, und auch ihr Stimmvolumen regenerierte sich schlagartig, alle Oktaven, rauf und runter. Mama hat auch sofort getestet, ob alles wieder in Ordnung war, und uneingeschränkt funktioniert. Der erste Testsatz, für empfindliche Gemüter nicht geeignet, jungendfrei schon: *"Seid ihr jetzt total wahnsinnig geworden, die gesamte Hammelhorde sofort antreten, da wird ja wohl der Hund in der Pfanne verrückt!"* Ich war **nicht** bei der Pfanne bei! Die Pfanne habe ich **nicht** angerührt! Ich schwöre, bei meinem "Fietebroti" mit Cornedbeef, **ich war nicht bei der Pfanne bei!** ....Und auch nicht in der Pfanne drin´! Die beiden Teil-Mittäter haben sich trotz Anordnung zum Antreten sofort verzogen. Die Feiglinge. Ich bin wenigstens, in der Bemühung, Mama zu beschwichtigen, ganz aufgedreht immer rund um sie rum gehüpft. Besänftigt hat sie das aber auch nicht. Sie hat mich einfach weggescheucht! Es war mir nicht wirklich unangenehm dem Gefechtsfeuer zu entkommen, ich bin ganz schnell zu Papa gelaufen, und auf seinen Schoß gekrabbelt. Papa hat auch gar nicht gewettert, er hat mich nur gefragt, was wir da bloß wieder gemacht haben....und mich natürlich dabei gestreichelt. Papa versteht mich eben. Darf man Mama Mal eine "Lange Nase" zeigen? Nur einmal...

Während der Aufräumarbeiten hat auch Mama Frust abgelassen. Es waren einige Ausbrüche und Beleidigungen in Richtung der "Hammelhorde" zu vernehmen: Saubande, Wahnsinnsviecher, Schädlinge, Teufelsbraten usw....das nächste Mal wollte sie uns alle aus dem Fenster hängen, und dann kamen auch noch Die Hempels ins Spiel. Wir seien hier nicht bei Hempels. Das sehe hier aus, wie bei Hempels unterm Sofa, usw... Ich kenne diese Hempels gar nicht. Die waren noch nie bei uns, das wüsste ich, wir waren auch noch nie Dort, und haben schon gar nicht unter deren Sofa geschaut. Oder gehörten die vielleicht zu den fremden Leute, deren plötzliches, eventuelles, auch nächtliches Erscheinen Mama so fürchtet, da die irgendetwas denken, oder gar sagen könnten? Mir waren diese Hempels ganz egal. Das war unsere eigene Klo Rolle die ich da sorgfältig zerlegt hatte, und unterm Sofa hatte ich gar nichts deponiert. Abgeguckt hatte ich mir jedenfalls nichts von den Hempels. Wie auch, wo ich noch nie mit hin durfte. In was Mama sich bloß wieder verrannt hatte. Hätte sie nicht einfach nur ganz still und leise aufräumen können, wenn sie denn schon aufräumen muss, ohne zu stören, das wäre viel schöner gewesen. Oder eben einfach liegen lassen. Mich hätte das überhaupt nicht gestört, ich fand es richtig hübsch. So leger und aufgelockert!

Zum Glück werde ich nicht so oft alleine gelassen, was meinen Verschleiß von Klorollen in verträglichen Grenzen hält. Meistens nur wenn meine Zweibeiner einkaufen gehen, Oder, wenn sie sich mit den befreundeten Ehepaaren treffen.

Das zweite noch vollständige Ehepaar, waren Gabi und Peter. Wenn Mama so erzählt, müssen die Vier schon viel gemeinsam gemacht, und erlebt haben. Die beiden waren sogar dabei, wie Mama, Papa, sich in Falkenstein, auf Horst und Susis Strandterrasse kennen lernten. Diese Terrasse, nach einem ausgiebigen Sonnenbad aufzusuchen, war zu der Zeit ein absolutes Muss, und klappte ohne spezielle zeitliche Absprache. Freunde, Bekannte und Familie, sogar Mamas Eltern, saßen unter zusammengeschobenen Reklamesonnenschirmen, auf bunt zusammengewürfelten Plastikstühlen, deren Beine, bei besonders großer Hitze schon mal schlapp machten und leicht einknickten, bei selbstgebackenem Eierlikörkuchen, Kaffee, Eis, Würstchen, Weizenbier, Alsterwasser, und extra dicken Salzgurken aus dem Glas, gemütlich beisammen, schwitzten noch ein wenig gemeinsam, haben gelacht, gezankt, und debattiert, die Welt immer wieder neu erfunden, an Tischen, die vom "Hauseigenen Faktotum", mit einem sehr speziellen "Stinke-Friedhofslappen", gewissenhaft, ganz kundenorientiert, übergefeudelt wurden.

Sogar alte Hausmittelchen, die mit der Hundertprozent Wirk-Garantie, wurden ausprobiert.

Zur Wespenausschwärmzeit wurde der Tisch mit Kupfergeld bestückt, da das der absolute Garant für eine wespenfreie Zone sein sollte. Entweder hatten die Prospektverteiler schlampig gearbeitet, oder aber, die kleinen munteren "Stecher" hatten ihre Pflichtlektüre nicht gelesen. Wie auch immer, sie kamen jedenfalls trotzdem! Mama, Papa erzählen mit verklärtem Gesichtsausdruck von herrlichen Zeiten, in denen sich alle, sogar bei Regen, unter einer baufälligen Vordachkonstruktion getroffen haben, und dabei war es ganz egal, dass es, hier wie da, auch mal durchtropfte. Sowas verbindet!

Diese Terrasse gibt es so, längst nicht mehr, die Freundschaft schon. Mama und Papa sind mit mir da schon spazieren gegangen, damit ich wenigstens weiß, wo dieses besondere Fleckchen Erde war, an dem Mama und Peter oft, fast Nase an Nase, damit die Schallwellen des gesprochenen Wortes, bei geringst möglicher Distanz, auf dem kürzesten, dem direkten Wege, das Ohr des Anderen erreichen konnte, ihr flammendes Plädoyer, jeder in eigener Sache, gehalten haben. Nicht selten auch unter Androhung von Zuhilfenahme diverser Beschleuniger, die die Überzeugungsarbeit erheblich verkürzen würden.

Mama hat immer wieder gerne mal den "Morgenstern" in Aussicht gestellt, nur so für den Fall der Fälle, zu dem es natürlich nie kam. Man war immer glücklich und zufrieden auseinander gegangen, mit Vorfreude auf ein nächstes Mal.
Ich wüsste zu gerne, ob Papa im Ernstfall einen der Sekundanten gegeben hätte.

Mama Erzählt, dass sie schon seit ihrer Kindheit mit dem Falckensteiner Strand tief verwurzelt sei. In Zeiten, wo sie noch ganz arglos mit Eimerchen, Förmchen, Schaufel, Harke, und aufblasbarem Wasserball unterwegs war, Opa noch ein junger Mann, der in der Vermessenheit der Jugend, und grenzenloser Selbstüberschätzung, mit aufgekrempelten Hosenbeinen im flachen Wasser stand, und versuchte, mit bloßer Hand, Stichlinge aus der Ostsee zu fischen, wobei ihm prompt, vor allen Leuten, die hintere Hosennaht, einmal ganz längst aufplatzte. Und das, wo Opa doch so genierlich sein konnte.
Oma ließ sich von der Sonne tief- bis, schwarzbraun brutzeln, in der neuesten, angesagtesten Bademode seiner Zeit. Zum Baden gehen wurde das gute Stück gegen ein älteres Modell gewechselt, und dann aber ab in die Fluten der Baltischen See! Oma soll da ihre ganz eigene Technik ausgefeilt haben.

„Geschwommen" wurde grundsätzlich nur in unmittelbarer Strandnähe, und unbedingt nur längsseits zum Strand, aus rein prophylaktischen Gründen. Dann aber, todesmutig mit dem halben Oberkörper in das wilde Gewässer, immer schön gleichmäßige Atemtechnik, mit einem Bein, die typische Schwimmbewegung angetäuscht, und, mit dem Zweiten des Duos, immer schön gründeln, immer schön Bodenkontakt halten. So hatte Oma sehr ausdauernd ihre "Bahnen" gezogen.

Später, besonders in den Sommerferien, war dieser Strand der Anziehungsmagnet schlechthin. Da durfte man noch Sandburgen bauen, mit gesammelten Muscheln und Steinen verzieren, und die Fresspakete für die ganze Familie wurde von zu Hause mitgebracht. Dann saßen sie gemütlich, in der vor Wind und neugierigen Blicken schützenden Sandburg alle beisammen, und packten die Fressalien aus. Hartgekochte Eier, Tomaten, der Salzstreuer ging reihum, Kartoffelsalat, oder Wurst- und Käsebrote, Würstchen aus dem Glas, Äpfel und Bananen. Und, die noch heute beliebten Butterkekse, die mit den vielen Zacken rund rum. Also ich mag die Ja auch so gerne.

Mama hat damals schon gerne gegessen, sagt sie, das ganze Gegenteil von Onkel Jörg. Der fand das Essen-müssen schon damals eine lästige

Zeitverschwendung, da es ihn nur von seinen viel wichtigeren, kunstvollen Bauprojekten, Burgen, Schlössern und Wassergräben, abhielt. Tante Katja war da noch nicht dabei, die schwamm zu der Zeit noch gemütlich im großen Teich, kam aber später auch noch in den Genuss solcher fidelen Strandtage.

Der einzige Nachteil solcher Strandspeisung war, man durfte mindestens für eine Stunde nicht wieder ins Wasser, da man mit vollem Magen schneller mal ab gluckert. Sagte Oma! Damals hat Mama so gerne gebadet, den Kopf mehr unter, wie über dem Wasser, was ihr auch kurzfristig den Beinamen "Seehund" beschert hat. Heute schaut sie lieber den anderen Wasserratten zu, aus rein Figur technischen Gründen, in schicklich langem T-Shirt. Schwimmen könne sie aber immer noch, sagt sie. Ist Mama Etwa ein kleiner Feigling? Das war gleichmal die falsche Frage. Mama Verneinte empört. Sie verzichte völlig selbstlos auf das geliebte Badevergnügen, aus Reiner Großmut, nur, und einzig und allein, nur, um den vielen anderen Badefreudigen nicht die Augen zu verblitzen, und deren Vorstellung von Ästhetik, nicht bis tief ins Mark zu erschüttern, sowie dauerhaft, und irreparabel zu schädigen!

Als es Tante Katja später zu öde wurde, ständig nur im großen Teich rum zu dümpeln, und Oma sie, wie eine Trommel vorneweg trug, wurde Mama die Ehre zu Teil, stundenweise, auf dem Hin- und Rückweg, und am Strand selbst, die vertretende Erziehungsberechtigte, und Aufsichtsperson, für Onkel Jörg zu geben. Er war Acht-, Mama Dreizehn Jahre alt, und mehr oder weniger, eher weniger, schwer begeistert. Erstens, als so gut wie Erwachsene, so ein Baby, so einen miggerigen kleinen Zwerg mitzuschleppen, und zweitens, er soll zu der Zeit so eine schlimme Petze gewesen sein, und eben ein ganz zartes Bürschlein. Kaum wieder zu Hause angekommen, Omas Frage, und wie war es, war ihr kaum entschlüpft, da legte das kleine Jörgilein auch schon los! Mami, Beate hat dies´ gemacht, Mami, und dann auch noch das, und sowas hat sie auch noch gemacht, Mami! So ein liebes kleines Kerlchen, Oma war immer ganz Ohr, und Mama ganz Doll begeistert, voll überschäumender Liebe für ihrem entzückenden kleinen Bruder.

Kurz nach den Sommerferien mischte dann auch Klein Tante Katja mit, und ein paar Jahre später hantierte **sie** dann, mit Eimerchen und Schaufel, am Falckensteiner Strand. Obwohl sie inzwischen längst erwachsen ist, selber schon zwei erwachsene Kinder hat, ist sie bis zum heutigen Tag, immer die kleine Schwester geblieben. Es ist zu befürchten, es wird auch immer so bleiben, da nützt ihr wohl auch

späteres "Mit dem Kopf wackeln" nichts. Ein Gutes hat es aber auch. Sie kann alt werden wie sie will, sie bleibt immer die Kleine, und, ganz wichtig, die Jüngste! Das Nesthäkchen. Das ist dann wohl die ausgleichende Gerechtigkeit, für all die kleinen, und auch mal größeren Piesackereien, die sie als Kleinste, durch ihre großen Geschwister erdulden musste.
Ich könnte stundenlang zuhören, wenn Mama so von Früher erzählt.

Heute macht Onkel Jörg sowas nicht mehr, Petzen und so. Wenn er mal rüber kommt, kann von zart, Klein, und miggerich, auch keine Rede mehr sein. Groß, sportlich, alles Muskeln, und Samenstränge, nehme ich mal an, genau wie bei mir. Heutzutage pflaumt er Mama Öfters mal an, und sie pupt meistens nicht mal groß zurück. Erstaunlich! Inzwischen darf der das!
Ich denke, Onkel Jörg macht das ganz bewusst extra, so zur ausgleichenden Gerechtigkeit, für all die unsanften, bis stellenweise schmerzhaften Behandlungsmethoden seiner lieben Schwester, als er noch nicht wehrhaft war. Sie soll so gerne mal gekniffen haben, besonders, wenn Oma zum Brötchenholen ging, und Onkel Jörg nicht gleich petzen konnte. Er soll es aber ausgiebigst nachgeholt haben. Sagt Mama.

Aber zurück zu Mamas Berichten aus der Jetztzeit, die eigentlich auch schon wieder Vergangenheit waren.

Auf jeden Fall versteht Peter auch sehr sehr viel von den wechselnden Blutdruckpegeln. Ob er wohl mit Reiner zusammen studiert hat? Mir sagt Ja keiner was! Den Peter nennt Mama ihren ganz persönlichen "Busenfreund", da sie in Vielem seelenverwandt seien, davon war Mama felsenfest überzeugt, und, er ein heutzutage eher seltenes Exemplar des Homosapiens sei, auf den man sich, auch in weniger schönen Situationen, verlassen könne. Mama behauptet steif und fest, das läge auch mit an der Tatsache, dass sie beide das gleiche, *"Mit dem Kopf durch die Wand"* Sternzeichen, und den "Roten Planeten" im Aszendenten hätten.
Naa ja, wie auch immer....
Gabi war die bessere Hälfte von Peter, und mehr so der ruhende Pol des Duos. Peter rührt gerne in den Wogen rum, und wühlt sie auf, und Gabi glättet sie wieder. Eine nahezu perfekte Symbiose, jedenfalls wenn Peter sich einsichtig zeigt, und glätten lässt. Mit der Einsichtigkeit war das allerdings immer so eine Sache, genau wie bei Mama. Das besagte Sternzeichen scheint eben doch an allem schuld!
Gabi und Papa haben wohl ein schöneres

Sternzeichen abbekommen, eines für die Entspannteren ihrer Art. Zumindest waren die beiden ganz anders drauf.

Dafür hat Gabi einen Modefimmel. Immer up to date, immer schick. Mama Findet es faszinierend, dass Gabi von ihrem neuesten "Must have" meistens erstmal ausgiebig, selbstverständlich auch noch detail- und farbgenau träumt, bevor sie los zieht, um das Objekt der Begierde einzufangen. Das Erstaunliche, es klappt meistens auch, und nicht selten waren da schon mal richtige Eyecatcher bei. Sie war eben eine echte, gebürtige Sylterin, und hat das schon mit der Muttermilch aufgesogen. Auf Sylt war Mode auch früher schon Programm!

Ich kenne die Beiden auch. Wenn wir uns mal sehen, sagt Peter immer, ich sei ein kleiner Specker, und ein Super Burschi. Das gefällt mir natürlich. Mal einer, der meine Qualitäten auf den ersten Blick erkennt! Mama Ist dann auch immer nochmal extra stolz auf mich. Es gab da nämlich eine Hündin in der Familie, die hat Peter immer ganz liebevoll Specker Mischer genannt. Sie war auch ein Molosser, genau wie ich! Nur eben ein ganz Großer. Leider Ist sie schon im Hundehimmel. Muscher, nennt er mich nicht, kann man Ja auch nicht erwarten. Dafür aber Burschi, auch toll!

Gabi und Peter unternehmen sehr viel, kommen viel rum, erleben und hören dadurch natürlich auch eine ganze Menge. Manchmal erzählen sie sogar ein paar Hunde Anekdötchen, die sie unterwegs aufgeschnappt haben, die dann auch mein geneigtes Ohren erreichen, wenn Mama sie zu Hause nochmal aufwärmt, und zum Besten gibt.

Eine Geschichte, die einen besonders bleibenden Eindruck bei mir hinterlassen hat, war die vom Alpha-Alpha Hund. Seit dieser Episode bin ich, ohne ihn zu kennen, ein absoluter Fan von ihm, der traut sich wenigstens mal was! Besagter Hund hat natürlich auch seine Benimmvorgaben, genau wie ich, eben nur nach den Vorstellungen seiner eigenen Zweibeiner und Erziehungsberechtigten.

Alpha-Alpha Hund stammt aus Gutem Hause, hat hervorragende Referenzen, war als Zuchttier prädestiniert, und sich, sowohl seiner herrschaftlichen Abstammung, wie seiner Intelligenz, voll bewusst! Und diesem Überflieger entzieht man einfach sein angestammtes Recht auf die Rudelführung. Man versucht es zumindest. Das geht ja gar nicht!.......dachte sich auch Alpha-Alpha Hund. Es grummelte schon seit Längerem bei ihm in der Magendarmgegend.

Bei der nächsten Zuwiderhandlung, bezüglich seines Führungsanspruchs, beim nächsten Foux Pax seitens seines "Personals", den vermeintlichen Erziehungsberechtigten, würde er Akzente setzen. Und er hat ein Akzent gesetzt! Die nächste "Unverschämtheit", seiner Zweibeiner, ließ nicht allzu lange auf sich warten. Alpha-Alpha Hund hat auf jegliche Widerworte, und nervige Diskutiererei verzichtet, sprintete los, hat sich zielsicher das richtige Plätzchen ausgesucht, und sich direkt vor dem Bett der "Unverbesserlichen" gelöst. Plastischer ausgedrückt, er hat ihnen was geschissen, einen ordentlichen Haufen gesetzt. Punkt!

Ja, wenn man aus herrschaftlichem Hause kommt, von Adel ist, muss man auch mal bereit sein, Vorgaben und Verbote zu ignorieren, sowie, über den zu erwartenden Konsequenzen stehen, sie außer Acht lassen, um selbstlos, wie mutig, das zu tun, was getan werden muss. Mir geht es da nicht anders. Adel verpflichtet eben! … Mit der Masse kann ja Jeder…

Mama war ganz aus dem Häuschen vor Begeisterung, regelrecht verzückt. Was für ein starker Charakter, so selbstbewusst, so mutig und intelligent! Welch ein Prachtbursche! Mamas Begeisterung hat mich direkt mitgerissen. Wenn sie sich so Doll darüber freut....und, wo mir doch auch so Vieles gegen den Strich geht, und ganz gewaltig stinkt........Ich habe schon angestrengt überlegt, wohin, in welche Ecke, überhaupt, welches Zimmer sollte ich nehmen. Sollte es vielleicht nochmal der schöne Teppich werden, der so gut zu meinem beigen Fell passt?

Ich könnte wetten, Alpha-Alpha Hund hätte gerne noch, als unterstützende, ausdrückliche Note des Protestes, ein Fähnchen, mit dem Wappen seines Zuchtverbandes gehisst, in das Häufchen gesteckt, es somit geadelt. Leider scheitern solche spektakulären Aktionen immer wieder an unseren fehlenden Daumen. So schade!

Mama, kann meine Gedanken lesen! Sie hat plötzlich, mitten in ihrer so anschaulichen Berichterstattung inne gehalten, Mich ganz streng angeschaut, und nur gesagt: "Vergiss es! Denke nicht mal daran"!

Sie hatte sich doch aber gerade eben noch so Doll darüber gefreut, und Alpha-Alpha Hund beinahe gefeiert! Ich will auch mal ein starker Charakter sein, meine Intelligenz unter Beweis stellen, gefeiert werden, und Mama so eine außerordentliche Freude machen!

Ob ich einfach doch mal.......? Wenn da bloß nicht immer die gehäkelte Seppelhose wie ein Damoklesschwert über mir schweben würde. Die Aussicht auf dieses extraordinäre Kleidungsstück hält mich immer wieder von der Umsetzung tollster Ideen ab. Wenn Mama Ernst macht, habe ich keine Chance.

Papa muss auch immer anziehen was Mama Raus legt. Andererseits, was hätte ich groß zu befürchten, wenn ich mich auch mal auf so markante, deutliche, unmissverständliche Weise äußere?

Wo Mama Doch immer wieder betont, dass "Güte" ihr zweiter Vorname sei.

Ich bin überzeugt, ich würde nach so einem Protestschiss mit einem Anschiss davon kommen. Insofern.......

Ich werde die Angelegenheit nochmals gründlich überdenken, und das für und wider gewissenhaft gegeneinander abwägen. Vorsicht, ist die Mutter der Porzellankiste. Apropos Porzellan!

Ach, wie unkompliziert lebten da doch meine Vorfahren, meine Urahnen, bei Kaisers, am Hofe. Die konnten noch unbekümmert und ungestraft eine Ming Vase kaputtspielen wenn ihnen danach war, und allein nur die Beleidigung eines kaiserlichen Mopses hatte die Todesstrafe zur Folge. Zu der Zeit wusste man eben noch, was "Angemessen" bedeutet! Heute muss man schon wegen eines gestohlenen Eies um sein eigenes Leben fürchten, dass man gar zu Brei geschlagen wird. Was für Zeiten....früher war eben doch alles besser.

Die Zweibeiner haben sogar noch einige dieser alten Ming-Vasen gefunden, und ausgestellt.

Ich möchte unbedingt auch mal eine kaputtspielen, um so einen Eindruck zu bekommen, wie sich das damals bei meinen Urahnen angefühlt hat, und ob es wirklich so ein ganz besonderes "Pling" ist, wenn sie in bunten Scherben zerspringen. Mama Behauptet, das wird nicht gerne gesehen, deshalb stünden die Dinger auch hinter Glas. Wieso wird das nun wieder nicht gerne gesehen? Das war schließlich das Spielzeug meiner Urahnen, da wird man doch wohl noch ein bisschen Ahnenforschung betreiben, und recherchieren dürfen!

Die Zweibeiner müssen sich immer gleich alles unter den Nagel reißen, was nicht niet- und nagelfest war, und behaupten dann auch noch, es sei ihr Eigentum, stellen es sogar öffentlich aus, mein "Ahnenspielzeug"!

Jetzt laufe ich erstmal zu Papa in die Küche, der hantiert gerade am Kühlschrank rum, mal sehen ob ich etwas Leckeres ab lungern kann. Mein Abstecher in das "Paradies" Küche, hat sich voll gelohnt! Erst hat Papa sich noch ein bisschen geziert, und das Pflichtprogramm abgespult, was sehr Weise war, Mama, konnte uns nämlich hören, und ich soll doch nichts zwischendurch.

Da war Papa Ja ein Fuchs! Was er nicht will, macht er meist auch nicht, aber so ganz unauffällig, und am besten noch ganz erstaunt tun, wenn er dann doch mal ertappt wird. Er lässt auch immer wiedermal die klitzekleinen Jalousien im Ohr runter. Gelegentlich stellt er sie ein wenig schräg, zur Optimierung der Belüftung im Allgemeinen, und des besseren Durchzugs, von einem Ohr zum Anderen, im Besonderen. Papa hat einfach die Ruhe weg. Dazu muss man wissen, Papa war Beamter a.D., da hat er das in vielen beschwerlichen Dienstjahren mühsam erlernen müssen. Mama, behauptet allerdings, es sei reine Dickfälligkeit. Er suggeriere Allen, er sei der uneingeschränkt Gute, dabei hätte er es faustdick hinter den Ohren. Dann gibt es meisten einen kleinen Wortwechsel. Papa: Wenn du das meinst...Mama: Ja, das meine Ich! Papa: Du musst es ja wissen! Mama: Ja, weiß ich auch! Papa: Na dann ist es ja gut. Mama: Gut ist anders! Zum Schluss beharrt Papa immer darauf, er sei schon immer ein ganz Lieber gewesen. Mama: ...Schweigen.....

Sie weiß es natürlich, findet es auch selber, aber das kann man jetzt natürlich schlecht zugeben. Hinterher grinsen aber beide schon wieder, und besiegeln den vorläufigen Frieden mit einem Küsschen.

Manchmal schaffen wir beide es sogar, Papa und ich, Mama zu überlisten. Ich dachte nur: Ja, ja, ja, schneller, nun mach schon und gib her. Wenn Mama noch in die Küche kommen würde, hätte ich schon

längst runtergeschluckt, und was ich weg hab, kann
mir keiner mehr weg nehmen, nicht mal Mama. Wenn
sie meckert, ich habe eh schon Schlappohren, dann
lasse ich sie noch ein bisschen weiter runter, und Papa
hatte Ja schon auf Durchzug gestellt.

Papa hat mir selbstverständlich, das zukommen
lassen, wonach mir gerade so dringend war, und er
mir sowieso, von Anfang an, geben wollte. Ein
herrliches Stück Stinkerkäse, ein Hochgenuss! Käse
gehört zu einer meinen vielen Lieblingsspeisen.
Mama Behauptet, Käse schließe den Magen. Also
meinen nicht! Irgendetwas stimmt da wohl bei mir
nicht. Entweder schließt meine Magentür nicht richtig,
oder mein Schlüssel passt nicht. Ich kann immer noch
ein Stückchen, und noch eines. Es schließt sich
einfach nichts. Und extra vorbeikommen tut auch
keiner. Personal für sowas, können Mama, und Papa
sich auch gar nicht leisten. So, und jetzt noch ein
Stückchen Käse, Papa.

Ich weiß, ich weiß, Hunde sollen keinen Käse fressen,
es könnte ihrem feinen Geruchsinn schaden. Ich kann
aber noch sehr gut riechen, ganz besonders gut, wo
der Käse, oder andere Spezialitäten liegen. Auch
Mama, und Papa kann ich problemlos, auch blind, an
ihrem Geruch erkennen, womit also alle wichtigen,
geruchsorientierten Belange abgedeckt wären.
Außerdem reizt mich eine Karriere Als Jagdhund in

keinster Weise. Mir steht der Sinn eben so wenig nach dem Ausfindig machen von Karnickel- und Fuchsbauten, noch danach, einer Schweißspur zu folgen. Und, Als Trüffelhund, will ich mich schon gar nicht bewerben! Also jetzt bitte keine Pöbeleien per Telefon, oder gar Drohbriefe, an meine Zweibeiner! Auch von belehrenden E-Mails bitte ich dringendst Abstand zu nehmen, und abzusehen! Des Weiteren sind wir ebenso nicht an Auszügen der "Freien Enzyklopädie Wikipedia", und wenig, bis gar nicht, an hundeorientieren Internet Foren interessiert. Wir bitten nochmals ausdrücklich, auf jegliche Klugscheißerei zu verzichten, Mama, weiß es sowieso besser! Hoffentlich habe ich nichts ausgelassen. So, und darauf jetzt noch ein Stückchen Harzer! Papa!!!

Während ich noch genüsslich mein Stück Harzer mümmle, dringen an mein rechtes Ohr ganz leichte, mehr so fluffige Geräusche, das muss ich kurz mal checken. Habe ich es doch geahnt! Mama, mampft heimlich einen dicken fetten Schokokuss. Da muss ich sofort hin, der "Pappboden" war immer meiner, sogar mit ein bisschen von der giftigen Schokolade dran. Bisher war es immer gut gegangen. Und solange ich keine Vergiftungserscheinungen habe, immer her damit! Bei Schaum vor der Schnauze, grünlicher

Verfärbung, und schauerlichem Augenverdrehen, kann ich Ja immer nochmal überdenken, ob ich mich in Verzicht üben möchte. Wollte Mama Das Ritual heute etwa kippen, und mir meinen Anteil vorenthalten, womöglich selber essen? Hätte sie mich nicht rufen müssen? Wenn man nicht immer und überall seine Augen und Ohren offen hält! Mamas Erziehung gestaltet sich sowieso außerordentlich schwierig, ich komme einfach nicht so recht voran, da sie sich immer wieder uneinsichtig zeigt, bockig war, und einfach macht was sie will. Papa, war Mama um Längen voraus, pflegeleichter, und erheblich lernwilliger.

Neulich bekam ich den Rest vom warmen Essen kredenzt, von Mama. Nudeln, mit reichlich geizig Soße, dafür aber wenig Fleisch, und Gemüse. Ich stürzte mich drauf, und habe fast alles aufgefuttert, bis auf das Gemüse. Den Teller habe rund um den Gemüserest auch noch blitzblank geleckt, der konnte so, direkt wieder in den Schrank. Das Gemüse kann meinetwegen gleich auf dem Feld bleiben, wegen mir muss das keiner rausrupfen. Und nur wegen der paar liegen gebliebenen Bröckchen, hat Mama gleich wieder Tam Tam gemacht.

Von wegen, liegen lassen gibt es nicht, wenn ich schon etwas bekäme, dann wird alles gegessen. Es könne ja wohl nicht angehen, dass ich mir nur die

Rosinen raus picke.

Rosinen? Welche Rosinen? Also ich hatte keine Rosinen dabei! Ich kenne Rosinen nicht mal. Und picken, tue ich schon mal gar nicht. Ich bin kein Gefiederter! Hatte Mama da etwas verwechselt, kriegen die anderen Beiden etwa Rosinen, und ich nicht? War mir etwa etwas Wesentliches entgangen? Ich bin aber standhaft geblieben. Nö, mein Gemüse ess´ ich nicht! An den Rosinen bleibe ich aber dran, ich werde verschärft darauf achten.

Wenn ich bloß wüsste, wie Rosinen überhaupt aussehen....

Nun gehe ich mit Papa erstmal gemütlich auf die Couch, eine Runde aufs Ohr legen. Mal sehen welches Plätzchen ich einnehme, ob am Fußende, oder direkt auf Papa drauf. Das kommt darauf an, ob Papa sich für Rücken- oder Seitenlage entscheidet. Ich nehme es wie es kommt, auf Papa drauf wäre mir aber lieber. Otti kommt meist auch noch vorbei, dann wärmen wir Papa gemeinsam, und stimmen uns, zuerst ganz sachte, mehr so Pianoforte, zum Trio ein. Papa und ich schnarchen leise einen weg, Otti schnurrt ganz leise dazu, Herr Bimmel liegt gemütlich eingerollt, beäugt unser Gesamtkunstwerk, den "Atmenden Stapel", mit eigener Untermalung einer intonierten Kakophonie,

Mama schreibt an ihrem Buch, und klimpert leise auf der Tastatur dazu. Harmonie pur.

Dieses waren dann allerdings auch die Momente, in denen es durchaus mal zu der Totalentspannung aller Muskeln kommen kann, auch bei Papa, was dann fast schon zwangsläufig zu Entgleisungen führt.

Mal heimlich, leise, schleichend, mal mit Geräuschkulisse ganz unterschiedlicher Tonlagen und Tonlängen.

Das fatale dieser speziellen Art der Ganzkörperentspannung, die Resultate sprechen gleich mehrere Sinne an, nicht nur das Gehör, auch der Geruchsinn war automatisch mit involviert, besonders bei den Zeugen, den Beiwohnenden dieses Naturerlebnisses. Mit Harmonie pur, war dann allerdings schlagartig Schluss, weil Mama sofort lautstark mit der Atemnot kämpft, an Schnappatmung leidet, Erstickungsanfälle vortäuscht, und ganz ganz theatralisch, ihren Erstickungstod simuliert.

Trotz ihrer angeblichen Todesangst, hat sie immer noch die Kraft, wüste Beschimpfungen, begleitet von Beleidigungen, bis hin zu, durch und durch unchristlichen Flüchen von sich zu geben. Toll, dass Mama, immer wieder so viel Kraft mobilisieren kann, wo sie doch schon sehr geschwächt sein muss, weil sie sich noch immer opfert, und die ganzen giftigen Sachen für mich weg isst! Alles nur zur Erhaltung meines Lebens, bei guter Gesundheit.

Papa und ich halten zusammen, und bemühen uns um Verharmlosung. Ich gucke ganz arglos, und Papa spricht Mich, mehr so verklärt an, "Waren wir beide so schlimm"?

Mama, schon wieder etwa entkrampfter, kommentiert das nochmal, und die Wogen, sowohl die Wabernden, wie auch die Emotionalen, glätten sich allmählich wieder, und ich bin dann erstmal für eine Weile ihr kleiner Pforzi.

Am nächsten Morgen war alles längst vergessen, und wir freuen uns, wie immer, auf das gemeinsame Frühstück. Alles läuft nach Plan, und wie gehabt. Wie gehabt, bekomme ich auch immer noch mein "Fietebroti" mit Cornedbeef.

Nur...... mein "Fietebroti" mit Cornedbeef! Nicht etwa, dass ich Cornedbeef nicht mag, aber lieber mehr so nebenbei, zwischendurch, mal ein Scheibchen extra vielleicht, oder so. Aber nicht als ständigen Standard-Hauptbelag. Wo bleibt da die Abwechslung, die ausgewogene Ernährung? Und dabei waren die leckersten, duftintensivsten, appetitanregendsten Wurst- und Käsesorten gedeckt. Manchmal auch Räucherlachs und Salate! Ich versuche immer mal wieder meine alte Masche, richte mich bei Mama Auf, und tatsche an ihr rum, damit sie mich auch wirklich wahr nimmt. Inzwischen bin ich natürlich um einiges größer geworden. Wenn ich mich ordentlich Lang mache und recke, kann ich ganz bequem mit der Pfote seitlich Mamas Busen antatschen. Das war weich, und gibt ein wenig nach, ich finde das richtig schön.

Mama nicht. Gar nicht! Nicht mal ein bisschen! Aber, sie reagiert immer prompt, wenn ich diese spezielle,

"Hallo ich bin auch noch da, und könnte noch etwas vertragen" Methode, zum Einsatz bringe. Immerhin! Allerdings nicht so wie sie soll. Erst wischt sie mich, mit dem Ausdruck der Empörung, sowohl in Mimik, als auch in der Stimme, einfach weg, und begleitet meinen unsanften Abflug noch mit dem übertrieben freundlichen Hinweis, dass reichlich Futter in meinem Napf sei, ich könne mich nach Herzenslust bedienen. Mahlzeit, genau das wollte ich hören. Immer und immer wieder dieser vermaledeite Gefiederten Kram. Jetzt fehlt bloß noch zu meinem Glück, dass Mama, auch noch mit dem blöden Wolf um die Ecke kommt.

Was waren das doch für wunderbare Zeiten, wie ich noch mein fingerdick geschmiertes Leberwurstbroti bekam. Das war so richtig mit Liebe geschiert, nicht nur mit der Hand! Und jetzt? Cornedbeef, Cornedbeef!

Überhaupt, Mamas Anstellerei! Peter darf sogar Mamas Busenfreund sein, und ich, ihr süßer Mopsi, darf nicht mal ein bisschen tatschen!
Komisch, in letzter Zeit spült mein Unterbewusstsein bei solchen, oder ähnlichen Vorkommnissen, sofort

Alpha-Alpha Hund, und sein beherzter, mutiger Einsatz, in Sachen unmissverständliche Zeichen setzen, in mein Gedächtnis.

Was will mir das bloß sagen? Es liegt mir beinahe auf der Zunge....egal, irgendwann komme ich schon noch drauf!

Jetzt erstmal eine Kontrollschicht auf der Fensterbank,

und dann mal schauen was der Tag noch so bringt. Ich bin für alles offen, und zu fast allem bereit, sowieso.

Mit Otti und Bimmel lief es immer besser, bis, entspannt. Besonders Otti hatte inzwischen anscheinend einen Narren in mir gefressen, was er glaubte, mir immer wieder mal beweisen zu müssen. Diese, "Ich mag dich" Bekundungen, gingen von angenehm, über lustig, bis hin, zur unerhörten Aufdringlichkeit.

Gar nicht so übel waren seine Versuche, mich in die Kunst des Stylens einzuführen, obwohl ich zum

Modegecken eigentlich überhaupt nicht, aber sowas von überhaupt nicht, tauge. Auch wenn es mir, so von innen heraus, total widerstrebt, muss ich zugeben, dieser Massageeffekt, wenn er mit seiner Reibeisenzunge, voller Hingabe, und voll konzentriert, durch meine Kurzhaarfrisur bürstete, da gingen einem die wohligen Schauer schon mal so durch und durch. Wieso hatte der überhaupt Widerhaken auf der Zunge. Meine war einfach nur glatt. Am liebsten würde ich jetzt doch mal mit den Beiden die Morgentoilette zelebrieren, wer weiß, was die da noch so für Angebote und Annehmlichkeiten im Wellnessprogramm hatten.

Nur mit dem Ondulieren der Barthaare wart das solche Sache. Es Beeindruckt mich irgendwie doch, dieser elegante Schwung, und die enorme Länge der einzelnen Haare. Ok, ein bisschen neidisch bin ich auch. Meine wollen aber einfach nicht wachsen, obwohl ich es sogar schon mit mentalen Übungen versucht habe sie zum Wachsen zu bewegen. Immer wenn ich in unser Schlafzimmer, vor den großen Bodenspiegel renne, nichts. Jedes Mal absolut nichts! Joga Übungen bleiben mir Ja leider verwehrt, das mit dem Schneidersitz will mir einfach nicht gelingen, und die spezielle Haltung der Hände, pardon, Pfoten, für ein inbrünstiges "Ohm", geht auch nicht. Es fehlen dazu mal wieder die Daumen. Die fehlen einfach an

Allen Ecken und Enden!

Onkel Jörgs neues Knie war inzwischen voll integriert. Die neuen Ersatzteile begeisterten total, viel besser wie das "hauseigene", das schon bei der Geburt, im Gesamtpaket, frei Haus mitgeliefert wurde. Er bewirbt sich sogar schon um Zuteilung und Einbau der zweiten Garnitur, Stahlgerüst, Stahlschrauben, Kniescheibe, und sonstiges Zubehör aus dem Bastelkasten für Fortgeschrittene. Ob ich mal ein paar Daumen beantrage? Was für Möglichkeiten sich auftäten! Mit eigenen Daumen würde ich natürlich sofort darauf bestehen, direkt mit am Frühstückstisch zu sitzen. Mein "Fietebroti" könnte ich mir dann schließlich selber schmieren. Aber nicht immer nur mit Cornedbeef, das war schon mal beschlossene Sache! Ich kann die fingerdick auf geschmierte Leberwurst schon förmlich riechen..Grobe Leberwurst, Leicht angeräuchert.! So, jetzt aber her mit dem Daumen-Bestellformular, Papa soll sofort unterschreiben! Mit neuen Daumen mache ich das später alles selber! Welche Möglichkeiten sich da erschließen. Mal ein neues Halsband, die leckersten Leckerlies, vielleicht sogar mal ein strammer Ochsenziemer. Es gibt Ja einfach alles im World Wide Web. Toll! Internet, ich komme!
Fiete goes online!

Wenn Otti seine drolligen fünf Minuten "Spezial" hat, kann man mit ihm richtig Spaß vom Feinsten haben. Dann reißt er einen vom Leder, zieht sämtliche Register, dass mir ganz schwindelig wird. Mit mir bevorzugt er das Spiel "He du Dicker, fang mich doch", nur, weil er genau weiß, dass er gewinnt. Eigentlich weiß ich es auch, aber so ein ganz klein wenig hoffe ich doch jedes Mal. Nicht das ich denke, ich könnte mal schneller sein, aber er könnte vielleicht auf dem Laminat ausrutschen, wenn er mit einem Affenzahn um die Ecken fegt, sich wenigstens mal anstandshalber überschlagen, um mich auch mal gewinnen zu lassen. Ich erwarte Ja nicht von ihm, dass er sich etwas bricht. Jedenfalls nicht so direkt.

Aber sowas fällt ihm natürlich nicht im Traum ein. Ich bin überzeugt, das Wort "Edelmut" hält er für die Aneinanderreihung kryptischer Schriftzeichen. Meine Niederlage war sein Ziel, der Hochgenuss, der Triumph, um den es ihm eigentlich nur geht. Und ich, lasse mich immer wieder darauf ein. Weil es doch son´ Spaß macht! Jedenfalls zuerst…

Der Ablauf hat direkt schon rituellen Charakter. Wir postieren uns, gegenüberstehend, in leicht geduckter, angespannter Haltung, wie Sumo Ringer für Arme, in unterschiedlicher Gewichtsklasse. Die Vorderpfoten leicht ausgestreckt. Konzentrierter Augenkontakt, lauernd, wer sich zuerst, nur angetäuscht, auf den Anderen zubewegt, hat das Startzeichen gegeben.

Otti legt mit einem Blitzstart aus dem Stand vor, ich muss erst nochmal den Choke ziehen, aber dann! So schnell die Füße tragen. Der geölte Blitz war mein Vorbild. Auf Kollateralschäden kann ich keine Rücksicht nehmen. Da schwappt schon mal, der beim Vorbeiflug leicht touchierte Wassernapf über.

Sorry Mama!

Wenn ich dann um die letzte Ecke geschossen kommen, sehe ich gerade noch, wie Otti abhebt, um, exakt berechnet, auf einem höheren Stück Möbel zu landen. Immer mindesten so hoch, dass ich mit Sicherheit nicht nachsetzen kann.

Dieser Halunke!

Ich kann ihm direkt vom Gesicht ablesen, wie er mir innerlich eine lange Nase dreht, und die Nä nä nä-Hymne summt. Nochmal Halunke!

Otti bleibt da erstmal in Siegerdenkmalpose hocken, ich hole meinen Ball, trotte enttäuscht wieder ab, um Mich von Mama, und Papa trösten zu lassen. Wenigstens das klappt.

Herr Bimmel lässt sich zu solchen Spielchen gar nicht erst hinreißen. Er scheint überzeugt, das sei unter seiner Würde. Er war überhaupt immer ein wenig versnobt. Immerhin, er legt Wert auf Etikette. Staunen tut er aber schon. Wenn er sich bei unserer Verfolgungsjagd unmittelbar an der Flugschneise aufhält, oder die Flugroute gerade kreuzt, dann kommt sogar Herr Bimmel mal in Wallung. Man sieht ihn sonst eher selten laufen, dann kann er sogar Galopp. Nach kurzer Regenerierungsphase, um die Schockstarre zu lösen, kommt er schon wieder mehr gemächlich hinterher gestiefelt, nur um zu sehen wie der Event diesmal ausgegangen war. Die Augen immer noch groß wie Spiegeleier. Und immer bin ich der Loser! Ich wüsste zu gerne, was Alpha-Alpha Hund jetzt wohl getan hätte??

Das Verhältnis zwischen Herrn Bimmel und mir war mehr höflich distanziert. Man begegnet sich halt, und gut. Eine Zeitlang habe ich ihn geduzt, einfach "Bimmel" genannt, inzwischen sieze ich ihn wieder. "Herr Bimmel", soviel Zeit muss sein!

Worauf genau er sich nun etwas einbildet, worin seine Arroganz begründet liegt, wüsste ich schon gerne. Wer war den hier eine "Öffentliche Person", das bin ich doch wohl. Ich, Fiete (Junior), alias Alex vom Kaiser-Wilhelm-Kanal. Nicht nur an unserem Fenster bin ich längst eine bekannte Größe, die man freundlich grüßt, der die Kinder winken, und auch schon mal "Hallo, hallo" rufen, wenn ich gerade nicht auf Posten bin. Auch zur Zielfindung werde ich hinzugezogen. "Ach da, wo der süße Mops immer im Fenster sitzt"! ....

Im Internet bin ich gleich zweimal zu bewundern. Einmal stehe ich Model für ein extravagantes Hundehalsband, eines mit Halbedelsteinen besetzt, ich selbst trage es täglich, und dann natürlich auf der Homepage meines Züchter und Erstversorgers, mit allem Zip und Zapp! An Dieser Stelle mal ein Dankeschön an meine allerersten "Dosies". War ne tolle Zeit bei euch! Mama, und Papa haben sich lobend geäußert, wie gut ich sozialisiert war, vorbereitet für alles was so kommt.

Aber ich war noch gar nicht fertig. Sogar in unserer Tageszeitung, der "Kieler Nachrichten", war ich schon abgelichtet, und selbstverständlich namentlich erwähnt. Nach einer "Homestory" mit meinem Züchter und meinen Mopseltern, hat der Reporter Mich direkt in unserer Straße aufgesucht, um ein Fotoshooting mit mir zu machen.

So, und wer hat hier nun das Privileg einen auf "Dicke Hose" zu machen....Herr Bimmel, oder, ich?? Das wollte ich nur mal erwähnt wissen, nicht dass ich etwa protzen wollte! Ehrlich nicht! Als ob ich das nötig hätte!

Otti ist mehr so der Flippige, die Frohnatur von den beiden, ein kleiner Hallodri, solange wir alleine, nur unter uns sind. Seine Zuneigung zu mir war eigentlich recht angenehm, wenn er nicht ständig Schweinkram im Kopf hätte, und zu unzüchtigen Übertreibungen neigen würde. Dabei geht er so hemmungslos vor, ohne auch nur den Hauch von Schamgefühl. Ständig klebt er mir am Hintern, und schnüffelt auch noch dran rum. Wenn ich vor Schreck weg laufe, läuft er auch noch mit. Unglaublich! Er war vernarrt in meinen Poschi! Das Ferkel!

Mama mag meinen Poschie Ja auch so gerne, sie tätschelt ihn auch öfter mal, aber sie schnüffelt doch nicht daran rum!

Otti brauchte dringend eine Lektion. Ich habe den Spieß einfach umgedreht, und Mich zur Abschreckung, todesmutig auf seinen mini Pöschi gestürzt. So peinlich.....

Das Schlimmste kommt erst. Otti war begeistert! Er hat sich extra vornüber gebeugt, und mir seinen Hintern auf dem Präsentierteller serviert. Ich bin einfach nur fassungslos, schockiert und völlig überfordert. Was für Abgründe tun sich da auf!

Otti war abartig.......

Ich überlege ernsthaft, in Zukunft einen Schlüpfer zu meinem eigenen Schutz zu tragen. Bloß nicht zu sexy, Otti war gefährlich! Oder vielleicht doch Mamas angedrohte Häkel-Seppelhose, freiwillig?

Ich schnüffle Ja auch mal so hinten rum, aber nur bei Bella! Das ist ganz etwas anderes, allein die Beweggründe, Bella ist schließlich ein Mädel, und "Meine Schöne", die kleine rassige "Französin"! Vielleicht sollte ich mal etwas Parfüm auflegen, um sie mal ganz außerordentlich zu beeindrucken, nochmal extra wuschig zu machen. Die Möpse von König Edward VIII wurden schließlich auch immer parfümiert. Mit Chanel No 5, nur vom Feinsten! Mama Besitzt gleich mehrere, aber sehr viel geringpreisigere Duftwässerchen, sie war Ja auch kein Mops von Edward VIII, und auch keine Wallis Simpson, insofern geht das also durchaus in Ordnung. Mamas Pansch Wässerchen würden mir schon reichen, solch ein Understatement täte meiner Würde keinen Abbruch, aber wie bewerkstelligen? Ich sage nur.....Daumen!

Wie es aussieht, muss Bella sich auch weiterhin an meiner natürlichen, maskulinen Note berauschen. Mama Parfümiert Mich Ja nicht. Geizknüppel! Hatte Erika schon gesagt, schon vor Jahren, und schlechte Eigenschaften werden mit zunehmendem Alter nur schlimmer, nie besser. Das waren Mamas eigenen

Worte!

Ja das sind so die Schattenseiten, wenn man als Adeliger bei Bürgerlichen unterkommt, Etikette spielt da eben nur eine eher untergeordnete Rolle. Andererseits bin ich aber auch ganz froh, dass ich nicht ständig mit „Fliege" rumlaufen muss. Ich bin noch immer traumatisiert, wenn ich nur an meinen Auftritt in voller Montur denke!

Das war zu Weihnachten. Onkel Jörg und Tante Ulrike hatten zum Kaffee eingeladen, und ich durfte mit. Toll,........dachte ich! Oma und Opa, also Mamas Eltern, sollten auch kommen, und die kannten Mich noch nicht. Das war der Auslöser für Mamas Attacke. Ich sollte nicht einfach nur mitkommen, ich sollte auftreten, erscheinen, der schönste Mops überhaupt sein, der Prinzenhund, der Beste eben. Dazu hätte es allerdings keines Aufwandes bedurft, das bin ich nämlich sowieso, schon von Haus aus. Mama war aber fest entschlossen, meine natürliche Schönheit noch toppen zu müssen, und Mich unbedingt aufzupimpen. Oh Schutzheiliger aller Möpse, wo warst du in diesen schweren Stunden?
Mama, wollte mein gutes Aussehen mit schicker Garderobe unterstreichen, es sollte ein ausgefallenes Mäntelchen sein. Also ab in die Modeabteilung der

Haute Couture, für den modisch orientierten Hund, und sein durchgeknalltes Frauchen. Eigentlich hatten wir beide Dort nichts zu suchen. Das Grauen nahm seinen Lauf. Einen Mantel nach dem anderen musste ich anprobieren, rein in die Klamotte, raus aus der Klamotte. So anstrengend es auch war, ein bisschen habe ich mir doch ins Fäustchen gelacht, keines wollte so richtig passen! Ich hatte einfach zu gut trainierte, voll ausgebildete Bauchmuskeln. Mama hat sich dann auch noch professionelle Hilfe ran geholt, da waren sie dann schon zu zweit, die an mir rum zogen, und rum zerrten. Einfach nur gruselig. Papa hat sich auch geschämt, er war immer zwischen irgendwelchen anderen Regalreihen verschwunden. Irgendwann war es dann doch geschafft, Mama hatte, dass Designerstück für mich gefunden, ein Mäntelchen mit Kapuze, auch das noch! Mir war inzwischen sowieso schon alles egal, ich hätte auch eine Kutte, oder sonst irgendwas angezogen, Hauptsache fertig! Ich war nur glücklich, dass ich keine Schuhe tragen musste.

So ein Aufstand, und alles nur um Oma und Opa zu gefallen. Bestimmt stinkreicher Hochadel. Immer wieder mein Reden, Adel verpflichtet!
Zur Belohnung, Als Ersatz für eine Tapferkeitsmedaille, bekam ich eine kleine

Spielmaus, voll auf weihnachtlich getrimmt. Das arme Ding musste auch Klamotten tragen. Sogar Schal und Mütze, und das, in überheizten, geschlossenen Räumen. Sie nahm es gelassen, war trotzdem in unermüdlicher, fröhlicher Vorweihnachtsstimmung. Immer wenn ich ihr zärtlich in den runden Bauch zwickte, fing sie an, mir eine Weihnachtsmelodie vorzutragen. Immer wieder, so oft ich wollte. Und ich wollte oft! Ganz besonders oft, wenn ich genervt, und aufgedreht war, zum Beispiel nach so einer Einkleidungsarie. Mama, Papa mochten das schöne Lied urplötzlich nicht mehr, haben die Maus zwischendurch sogar vor mir versteckt. Merkwürdig, sie waren anfangs so begeistert. Ich habe dann solange gesucht und rumgenervt, Bis ich sie endlich zurück bekam. Sofort war ich wieder mopsfidel, und habe munter weiter musiziert.

Der „D-Day", der Tag X, kam, ich wurde nochmal aufs eindringlichste instruiert und eingenordet:

Wir sind nicht aufdringlich! Wir springen nicht an, wir hüpfen und hecheln nicht, wir lecken niemanden ab, schon gar nicht durchs Gesicht, auch nicht übers Ohr, betteln nicht, und behalten alle Haare am Körper, am eigenen Körper! Das gilt im Allgemeinen, und im Besonderen, für Oma!

Sogar mit dem Atmen bei offenem Maul, sollte ich mich etwa zurückhalten, weil ich angeblich aus dem Hals stinke.

Hoffentlich kann ich mir das alles merken!

Oma muss wohl sowas wie die "Queen Mum" sein, wenn selbst die Atemtechnik protokollarisch vorgegeben war. Obwohl Onkel Jörg, und Mama, eigentlich immer eher vom "Globetrotter" sprechen, Weil Oma all ihre Reisen, meist Seereisen, so souverän und taff absolviert.
Und wieso eigentlich "wir", Als hätte Mama all die tollen Sachen schon mal mit mir zusammen gemacht! Hat sie nie! Ich habe Mama noch nie jemanden anspringen, und dabei hecheln sehen! Und liebevoll durchs Gesicht, und übers. Ohr geleckt, hat sie auch noch Keinem, nicht mal Papa!

Mein Debüt hatte ich an einem eher milden Weihnachtstag. Krawatte und Manschettenknöpfe brauchte ich wenigstens nicht anlegen, Schuhe hatte ich Gott sei Dank nicht, aber den Kapuzenmantel! Mama, kann so gnadenlos sein. Zum Glück mussten wir nur einmal schräg über die Straße gehen, immerhin volle zwei Minuten strammer Fußmarsch!

Ich war schon ganz aufgeregt. Mama war die wichtigsten Benimmregeln nochmal mit mir durchgegangen, besonders die Zurückhaltung in den Vordergrund stellend, hatte noch angeordnet, ich möge mir alles fest in die Hirnschale einbrennen, und dann ging es wirklich los, gleich würde ich "Queen Mum", also Oma natürlich, nebst Gemahl, Opa, kennen lernen. Den Rest des Clans kannte ich schon. Ich wurde wirklich sehr nett empfangen, war für den Moment sogar die Hauptperson. Mein Mäntelchen war wohl doch angebracht, jedenfalls wurde er gebührend bewundert und gewürdigt. Ich hatte die Kapuze aber auch lässig in die Stirn gezogen, einen auf cool gemacht eben. Alles lief ganz volksnah ab, auf höfisches Protokoll wurde gänzlich verzichtet, und ich durfte, nach anfänglicher Zurückhaltung, auch mal kurz auf Omas Schoß. Es war ihr natürlich nicht entgangen, dass ich doch mal das eine wie andere Haar, als Andenken zurück lasse. Opa war auch nett zu mir, er hat ausdrücklich betont, dass er Tiere sehr gerne mag, allerdings mit dem kleinen, ein wenig störenden Beisatz, am liebsten in der Pfanne! Ansonsten hat er mich ein wenig mit dem Finger gepiekt, ein bisschen geärgert, naja, es sollte vielleicht nur Foppen sein, wie auch immer, allein der gute Wille zählt! Wenn er sonst mehr nur mit toten, gebratenen Tieren zu tun, war er Ja auch aus der

Übung. Obwohl, von Mama weiß ich, dass Opa, als Jugendlicher, schon mal gerne so ein Viech geärgert hat. Ein Gefiedertes natürlich! Und zwar Lora, einen Papagei, den sein Großonkel Paul, im ersten Weltkrieg aus Nicaragua mitbrachte, wohin ihn der Dienst bei der Kaiserlichen Marine verschlagen hatte. Lora hatte ein äußerst angespanntes Verhältnis zu einem geknoteten Taschentuch, beziehungsweise zu dem Zipfel, der aus dem Knoten hervorguckte. Opa fühlte sich damals berufen, immer und immer wieder mit Lora zu üben, um diese Knotenphobie zu lösen, und den Vogel von Selbiger zu befreien. Allerdings ohne nennenswerte Erfolge. Lora blieb, bis, zum letzten Knoten skeptisch, äußerst angespannt, und legte dann immer ein bedrohlich wirkendes Tänzchen auf die Stange. Von einem Fuß auf den Anderen, dabei leicht hin und her schwankend, die Flügel etwas an gelüpft, und mit giftigem Blick. Oder aber, er setzte sich auf die Schaukel, gab vor lauter Wut so viel Schwung, dass jeden Moment mit einem Überschlag zu rechnen war. Lora war wohl auch sonst nicht Ohne, sehr eifersüchtig, und einnehmend. Onkel Paul beanspruchte er ausschließlich für sich alleine, und jeder, der seinen Gefühlen zu nahe trat, wurde ausdrücklich, und schmerzhaft erinnert, wie ermahnt, wenn Lora nur die Gelegenheit, zur Erteilung einer Rüge, bekam. Der Tante Minna, seinem Frauchen, hat er mal kurz die Unterlippe durchgebissen, da sie einfach die Territorialgrenze überschritten hatte. Aber sonst, auf Onkel Pauls Schulter, mit nichts menschlichem zum Beißen in unmittelbarer Nähe, das reinste Schmusetier, sehr sangesfreudig, sprachbegabt, und mitteilungsbedürftig! Jedem der es wissen wollte, oder auch nicht, hat er umgehend vorgeträllert, dass sein Heimatland Nicaragua sei. So, hat es Mama Jedenfalls mal in gemütlicher Stunde erzählt. Sie kannte Lora auch noch persönlich.

Opas bemerkenswerte, außerordentliche Tierliebe, hatte sich also schon in früher Jugend entwickelt und abgezeichnet. Die Spezifikation, "Am liebsten in der Pfanne", entwickelte sich nur unwesentlich später. Er lebt, und handelt bist heute, getreu nach diesen selbst auferlegten Vorgaben.

Ich hätte gerne mal mit Opa Tauziehen am Knotentaschentuch gespielt! Damals, zu Loras Zeiten, waren es noch Stofftaschentücher, sogar gebügelt! Ja, damals war eben doch alles besser!....Ach, und erst in China, damals, bei Kaisers, am Hofe......

Omas Tierliebe soll auch, durchaus ihre Grenzen haben. Den weißen Wüstenrennmäusen, die Mama, als Schulkind, mal zu Hause anschleppte, konnte sie einfach so gar nichts Kuscheliges abgewinnen. Die waren ihr auch einfach zu neugierig, sind gleich aus dem Karton, mit sorgfältig eingelassenen Löchern im Deckel, geflüchtet, und haben, selbst unterm Bett, nach dem Rechten geschaut. Und da soll Oma sehr Eigen sein. Die kleinen Nager brauchten ihr Reisegepäck gar nicht erst auszupacken, sie mussten gleich wieder ausziehen. Bei Spinnen war Oma aber die personifizierte Coolness! Die packt sie beherzt am Bein, irgend eines von den Acht, welches genau, war ihr egal, und lässt sie wohlwollend, über die Balkonbrüstung in die Natur entschweben. Jeder setzt eben so seine eigenen Prioritäten. Einen Wellensittich, namens Schilpie, schon wieder so ein Gefiederter, hat sie aber geduldet, und in Vertretung für die Kinder, die eigentlich Verantwortlichen, Mama und Onkel Jörg, gepflegt. Schilpie hat es ihr mit Mauserflusen, Hirsehüllsen, und Vogelsand verstreuen, ausgiebig gedankt. Mit solchen Aktionen konnte man Oma zu wahren Begeisterungsstürmen hinreißen.

Nach dem offiziellen Teil, Vorstellen, Begrüßung, und kleiner Smaltalk, habe ich mir erstmal die Wohnung in aller Ruhe genauer angesehen, und ausgiebig durchgeschnüffelt. Nur das Bett konnte ich leider nicht in Augenschein nehmen und eine Liegeprobe machen, den Zugang hatte man mir einfach, oder etwa vorsorglich?... versperrt. Ein wenig kleinlich, aber Schwamm drüber! Ansonsten hatte mir alles sehr gut gefallen, außerordentlich gut, so gut, dass ich mich spontan entschloss, dieses wunderbare Kleinod direkt mal in Besitz zu nehmen, und um jegliche Missverständnisse, bezüglich der neuen Besitzverhältnisse schon im Vorwege auszuräumen, habe ich selbstverständlich sorgfältig markiert. Die niedlichen Gefiederten, die ich entdeckt hatte, sechs Stück an der Zahl, konnte ich leider nicht markieren, obwohl sie schon so nett für mich verpackt waren, in einem großen Kasten, sie standen nur einfach zu hoch. Schade! Wir hätten bestimmt riesen Spaß zusammen gehabt, und ich hätte ihnen zum Einstand, so Als der Neuer in der illustren Runde, mein gesamtes Gefiederten Futter geschenkt. Völlig selbstlos!

Die Zweibeiner haben natürlich sofort dazwischen gefunkt, Spielverderber, wie immer. Meinen neuen Besitz war ich gleich wieder los, meine sorgfältige Markierung wurde umgehend entfernt, Tante Ulrike war so un-freundlich, Mama hat giftige Blicke auf mich abgeschossen, weil ich so besitzergreifend war, sich nach außen aber mit einem, *"Fiete, sowas macht man doch nicht"* begnügt, Oma und Opa reagierten leicht konsterniert, *"Ohh, sowas macht er!?",* und ich musste ab da, zwischen Mama und Papa hocken bleiben, auch noch angeleint, auf meiner vorsorglich mitgebrachten "King of little dog" Decke unterm Poschi. Mama, wusste anscheinend schon wieder vorher mehr! Wie öde! Um mich bei Laune zu halten, habe ich wenigstens was vom Kuchen abbekommen. Immerhin etwas, aber kein adäquater Ersatz!

Den Gefiederten hat das auch nicht gefallen wie das ablief. Den Rest des Nachmittags haben sie im Nebenzimmer konferiert, debattiert, und den Vorfall lautstark ausdiskutiert. Recht so! Obwohl sie erst ziemlich von oben herab auf Mich geguckt hatten, so mit überheblicher, schräger Kopfhaltung. Das war aber wohl doch mehr ihrem erhöhten Standort geschuldet. Egal, nach der Diskussionsrunde, in einer extra anberaumten Sondersitzung, nur wegen mir, war es ganz klar, sechs neue Freunde, auf einen Schlag! Lilo, Charlie, Pebbels, Ferby, Tweety, und Billy. Ich hätte sie so gerne mal zu mir eingeladen. Das kurze Stück, könnten sie Ja rüber flattern, allein schon wegen meiner Straßenkumpel. Was die wohl für Augen machen würden, wenn sich plötzlich der Himmel verdunkelt, und meine persönlichen Freunde, sechs stramme Nymphen Sittiche, ein Geschwader, in Formation, bei mir einfliegen. Aber man kann meinen beiden langhaarigen WG Kumpeln einfach nicht trauen, die haben das Geschwader womöglich gleich zum Fressen gern........ **Ich,** will Ja nur spielen!!!!

167

Tante Ulrike war die "Kommandeurin" der fliegenden Einheit, des gefiederten Geschwaders, und sorgt liebevoll für ihre kleine Truppe. Selbst Nachwuchs in Handaufzucht, war ihr gelungen. Die kleinen Schnabelträger bekommen Körner in Allen Variationen gereicht, nicht wie ich, nur eine Sorte! Leider hat aber auch Tanta Ulrike ihre dunkle Seite. Immer wenn diese durchbricht, mutiert sie zur gemeinen Eierdiebin. Sie klaut den armen Viechern doch tatsächlich das Gelege direkt unterm Hintern weg, und schiebt einfach eine Ei-Attrappe wieder drunter, die armen Betrogenen brüten sich einen Wolf, und wenn sie nicht gestorben sind, dann brüten sie noch heute. Ungeheuerlich sowas!

Onkel Jörg bringt sich auch mit ein, er gibt den "Schleifer". Der geschlossene Gehorsam, und die Disziplin so eines Nymphen Sittich-Sextetts, muss schließlich ständig trainiert werden, um ein gewisses Level aufzubauen und zu halten. Von nichts kommt nichts! Mit kleinen Durchhalteübungen, wie längeres Halten in der wohlmeinenden, schützenden Hand, und leichten, eher zarten Kopfnüsschen, konnte er bereits grandiose Erfolge feiern. Einige der Gefiederten sprechen schon!

Onkel Jörg hat sich nun aber auch strikt an die Empfehlungen von Opa, seinem Vater, gehalten. Der hatte schon früher, immer wieder darauf hingewiesen:

"Leichte Schläge auf den Hinterkopf, erhöhen das Denkvermögen"!

Die alten Weisheiten bestätigen sich doch immer wieder! Sagt Mama.
Inzwischen pfeift einer der "Flieger" schon "Lakukaratscha"! Ob freiwillig, oder erst nach der Erhöhung des Denkvermögens, weiß ich leider nicht, und aus Spekulationen halte ich mich lieber raus.

Aber was Opa alles kann........ Woher wusste er bloß damals schon, dass Onkel Jörg später mal Gefiederte haben würde, deren Denkvermögen erhöht werden müsste? Toll!

Ich bin gerade in der Mauser, nein...., im Fellwechsel natürlich. Die Gefiederten lassen mich gar nicht mehr los.
Mit dem Körnerfutter fing es an.

Mama, unterstellte mir mal wieder pure Absicht und Boshaftigkeit, bei jedem einzelnen Haar das sie entdeckt, was nicht mehr in mir verwurzelt und verankert war. Und Mama Entdeckte reichlich davon.
Das Thema, zwar längst nicht mehr neu, ich wechsle regelmäßig, zweimal im Jahr die Frisur, aber immer

wieder gut für eine Streiterei mit Mama. In dieser Disziplin werden wir auch nie auf einen gemeinsamen Nenner kommen. Ich bin froh über jedes Haar das sich verabschiedet, man will schließlich auch mal was Anderes tragen, und Mama, war über jedes Haar erbost, das niederfällt. Dabei wechselt sie ihre miggerige Restbehaarung auf dem Kopf auch immer mal wieder. Den Rest hat man ihr, also nicht nur ihr alleine, schon Allen Zweibeinern, mit den Jahren einfach weg gezüchtet. Wer auch immer das war. Wenn ich mir vorstelle, ich hätte plötzlich nur noch auf dem Kopf Haare! Wie das wohl aussieht!!! Zu komisch.....

Mama schmeißt ihre Haare nun nicht gerade einfach so ab wie ich, schüttelt sich auch nicht so, um sie extra los zu werden, aber das ein und andere Haar geht doch seine eigenen Wege, und fällt auch bei ihr, auf den Boden. Darüber regt sie sich zwar auch auf, aber nicht, dass es da nun rum liegt, sondern, weil sie schon wieder Eines weniger auf dem Kopf hat. Der armselige Rest, das bisschen Fell für Arme, wird dafür aber auch sorgfältig bearbeitet. Da wird sortiert, mal von links nach rechts, mal Anders rum, mal mehr nach vorne, und, immer wieder auch mal angemalt. Ich glaube, Mama Zählt die kümmerlichen Büschel regelmäßig durch, so Lange, wie das manchmal dauert. Und dann zieht sie auch noch mehrmals

hintereinander, so ein giebliges Ding durchs Haar, dabei reißt sich die letzten Getreuen selber aus. Bedenklich sowas, sehr bedenklich!
Ich mach da rein gar nichts, und die Frisur sitzt, bei jedem Wetter! Bei mehr wie drei Tropfen Regen, schleppt Mama, schon ein Miniwelt am Stiel mit.

Um den gefallenen Haaren mit mehr Effizienz zu begegnen, hat sich Mama Etwas Neues einfallen lassen. Ihre Einfälle waren durchaus bemerkenswert. Ich fürchte beinahe, das glaubt mir nun sowieso kein Mensch. Jetzt hetzt sie Allen Ernstes ein brüllendes Tier auf mich! Der Typ wohnt zwar auch bei uns, nimmt aber nicht am täglichen Familienleben teil. Sie nennen ihn Staubsauger. Blöder Name. Irgendwie unsympathisch.
In ziemlicher Regelmäßigkeit gehen Mama, manchmal auch Papa, mit diesem Viech Gassi, aber immer nur durch die Wohnung, und grundsätzlich angeleint. Entweder war Staubsauger so gefährlich, Oder, er geht auch gerne mal stiften, so wie ich. Hoffentlich Letzteres, das wäre mir doch entschieden lieber. So wie es angeleint war, fängt das Viech ganz fürchterlich zu brüllen an und zu heulen, das es einem durch Mark und Bein geht. Mama kommt ja schnell mal mit spitzer Zunge daher, aber wenn jemand von uns etwas hat, sogar vor Schmerzen brüllt und heult,

dann ist sie sofort da, kümmert sich, und tröstet. Nicht bei Staubsauger! Das Viech mag sie anscheinend nicht sonderlich gerne. Trotz des Gebrülls packt sie es erbarmungslos am langen Rüssel, hält seinen Kopf fest auf den Boden gepresst, und schleift ihn kreuz und quer durch die ganze Wohnung. Jedes Mal aufs Neue zeigt sie dem Viech alles noch mal, immer wieder, jede Ecke, sämtliche Winkel, sogar unterm Bett gucken sie jedes Mal wieder nach. So vergesslich kann man doch gar nicht sein, langsam muss der das doch mal kennen! Trotzdem, wie brutal Mama sein konnte, das hätte ich nicht von ihr gedacht. Der arme Kerl traut sich nicht mal vorweg zu laufen, immer dackelt er brav hinteran, muss richtig mitgezerrt werden! Otti und Herr Bimmel, wir siezen uns Ja wieder, mögen das auch nicht mit ansehen. Sowie Staubsauger an die Leine kommt, sind sie auch schon verschwunden. Das kann ich ausnahmsweise mal gut verstehen.

Inzwischen habe ich rausbekommen, das Viech war auf Futtertour, der grast die Wohnung ab. Ich bekomme wenigstens täglich zu fressen, wenn das "Was" auch zu wünschen übrig lässt, aber wenigstens täglich. Das arme Ding darf nur ab und zu mal zum "Grasen" raus, deshalb war der auch so gierig und verfressen, und sucht überall! Und dann bekommt der nur Staub, Krümel, Haare. Anscheinend schmeckt es

ihm aber, hinterher war immer alles verputzt. Und, Weil der so gerne Haare frisst, war nun Mamas Idee, ich soll jetzt mit ihm teilen. Aber nicht mein Gefiederten Futter, neiin....mein Fell!!! Der soll sein Fressen jetzt auf dem Teller serviert bekommen, und der Teller bin ich! Mama!!!!!
Schleif ihn nochmal durch die ganze Bude, das Viech muss doch auch so satt zu kriegen sein!
Mama hat es trotz all meiner Bedenken und Vorbehalte natürlich doch probiert, natürlich, und die Bestie auf Mich losgelassen. Vorsichtig war sie wenigstens. Ich hätte nicht gedacht, dass es doch recht angenehm war, nach mir geschnappt hat er auch nicht. Trotzdem, dieses Gebrülle wenn er frisst, direkt neben meinem Ohr. Ich habe lieber erstmal ganz still gehalten. Bloß nicht provozieren! Das Viech hatte Signalfarbe, ein klares Indiz für Giftigkeit.
Leid tut mir der Bursche aber doch. Bis zur nächsten Fütterung muss er die ganze Zeit hinter der Tür stehen. Nicht mal ein Körbchen hat er. Wenigstens hält er die Klappe und brüllt nicht mehr, wenn er von der Leine war. Da kann man das Elend für eine Weile ganz gut verdrängen.
Ganz krieg ich die Sache aber nicht aus dem Kopf.
Sollten das etwa Mamas erster, wenn auch noch verdeckter Versuche sein, Mich nackig zu machen?
Aber eine coole Socke war ich schon! Dass die beiden

Süßen nicht antreten mussten, Staubsauger nicht zum Fraß vorgeworfen wurden, das war nicht in Ordnung. Hätte ich schon die neuen Daumen, wäre die Gelbe Karte fällig gewesen.

Ab und zu schau ich mal nach Staubsauger, was er so macht. Es steht immer nur auf einem Fleck und sagt nichts, dann wird's ihm wohl, den Umständen entsprechend, gut gehen. Der war aber auch aalglatt, kein einziges Härchen am Leib. Viecher gibt's!

Papa hatte dieser fragwürdigen Situation, der Fütterung der anderen Art, nicht beigewohnt, ihm wurde von Mama Berichtet. Ganz so gefährlich war die Aktion wohl doch nicht. Papa hat sich gefreut, und gelacht, und meinen Mut und meine Tapferkeit ausgiebig bewundert, und war voll des Lobes für mich! Wenn Papa das auch so toll findet, kann ich mir Ja nochmal überlegen, ob ich Staubsauger das nächste Mal wieder ein bisschen an mir knabbern lasse. Man war Ja kein "Unmensch", und ich brauche sowieso dringendst noch eine ganze Menge gutes Karma, ich will schließlich auf keinen Fall als Ratte, oder gar als Schmeißfliege, wiedergeboren werden, auch nicht als Meeresbewohner; schon gar nicht als Meeresbewohner, überhaupt, nichts in irgend welchen Gewässern! Nicht mal als neuer "Staffelkamerad" des "Fliegenden Geschwaders".

Da täte es schon ein Schlückchen "Red Bull", das

verleiht auch Flügel.

Mama hat da ganz merkwürdige Wünsche für ihre eigene Reinkarnation. Sie hatte schon mehrmals den Wunsch geäußert, gerne mal eine Fliege an der Wand sein zu wollen, und dann auch noch, lieber bei anderen Leuten. Mir fehlt dafür jegliches Verständnis. Was für ein obskurer Wunsch! Naja, zumindest braucht sie sich da nicht weiter groß bemühen, positives Karma zu sammeln. Für eine Fliege, wenigstens für die gemeine Schmeißfliege, waren die Karma-Punkte wohl schnell zusammen gesammelt. Ihr Reserve-Wunsch, wäre ein dann Mäuschen, aber auch wieder, nur bei anderen Leuten. Was für sonderbare Wünsche. Obwohl, so als Mäuschen, immer die Backen voll, und schon den Nachschub in den Händen parat.......doch, das könnte passen.

Sollte es bei Mama, mit der Reinkarnation nicht klappen, hat sie sich für die Unterbringung in einer flotten Urne entschieden. Wäre es eine Erdbestattung geworden, dann hätte sie mit der Kieler Flagge bedeckt werden wollen, die Schleswig-Holstein Fahne, müsste auf den Sarg, und als Beigabe sollte unbedingt, eine Schippe Falckensteiner Strandsand, eine Dose frischer Meereswind, und eine Flasche Ostseewasser, dabei sein. Weil sie ihre Heimat, ihr Kiel, so liebt. Ein Glöckchen Strang zum Bimmeln, sollte auch unbedingt dabei sein. Sie hätte nichts dem

Zufall überlassen wollen, sich auch nicht auf die Akkulaufzeit ihrer Handys verlassen. Im Falle eines Scheintodes, erschien ihr ein manuelles Glöckchen doch zuverlässiger. Insgesamt fand sie die Feuerbestattung aber doch sicherer, das überlebte man eher selten, und war auch so eine saubere Sache! Manchmal bequatschen wir auch schon mal ernste Themen. Also Mama Quatscht, ich höre zu.

Ich darf auf keinen Fall vergessen meinen Kumpels draußen von Allem zu berichten. Die werden staunen, was bei uns so abgeht, und was ich für ein Ganzer Kerl bin. Ein bisschen klappern gehört nun mal zum Handwerk. Ich werde gleich bei der nächsten Gassi Runde einen ausführlichen Bericht, an unseren "Nachrichtenverteilerbaum" zusammen strullern, und einige Randnotizen, an den umliegenden Büschen hinterlassen.

Nachdem ich diesen Aufreger mit Staubsauger lebend überstanden hatte, habe ich mich auf einen entspannten Abend gefreut. Gemütlich auf der Couch, mit Häppchen, was Leckerem zu knabbern dabei, heute war wohl eine Ausnahme für mich drin, und reichlich Streicheleinheiten von Mama oder Papa, auch gerne von Beiden gleichzeitig, zur nochmaligen, ausdrücklichen Belobigung, wegen meines vorbildlichen Verhaltens. Genauso fing der Abend auch erst an! Naja, jedenfalls fast. Die Häppchen wurden mal wieder gestrichen.

Ich war innerlich darauf eingestellt, dass das "TV Fenster" aufgemacht wird, wir uns wie immer, erstmal die Tagesschau ansehen, und anschließend bei irgendwelchen Leuten zu Hause vorbeischauen, meinetwegen auch bei Hempels, wenn's sein muss, extra nur für Mama, auch mal unter deren Sofa nachsehen, obwohl, wie kann man bloß so neugierig sein, unterm Sofa, das ist doch nun wirklich Privatsphäre, und dann auch noch bei uns angeblich Vergleichbares analysieren wollen,... oder, einer Diskussionsrunde beiwohnen, wo kluge Leute, oder solche, die sich zumindest dafür halten, und für gaanz wichtig, noch klügere Reden schwingen, sich ständig gegenseitig ins Wort fallen, dem Anderen gerne mal Ahnungslosigkeit, Lügen, oder gefährliches Halbwissen attestieren, und fünf von ihnen, auf mindestens sechs Meinungen kommen. So meine Vorstellung vom bevorstehenden Abend, sowas war immer unterhaltsam, bildend, und spannend. Aber es kam soo Anders, so furchtbar, ganz ganz schlimm! Bis, einschließlich der Tagesschau lief alles wie gewünscht, aber dann!

Mama hat verschiedene TV-Fenster geöffnet, nichts von Interesse gefunden, wieder geschlossen, und weiter probiert. Bis sie dieses ganz bestimmte Fenster öffnete, und die Hölle losbrach, mit Wesen aus einer völlig anderen Welt. Riesige Tiere, ich kannte keines davon, rasten in noch riesigeren Gruppen an unserem Fenster vorbei, andere schnellten aus dem Wasser, schnappten sich eines davon, zerrissen es bei lebendigem Leib, fraßen es, wieder andere krochen auf dem Boden heran, um dann ein armes Viech langsam zu erwürgen. Ich musste mit ansehen, wie eine ganze Gruppe hässlicher Riesengefiederte mit nackten Schädeln, ein großes totes Tier zerfledderten, sogar die Augen haben sie rausgepickt. Einige Tiere kamen ganz nah an`s Fenster, und guckten in mein Wohnzimmer, Als wollten sie da auch noch Beute machen. Ein Albtraum. Es war einfach nur das Grauen schlechthin!

Obwohl mir klar war, ich hatte so gut wie keine Chance, war ich bereit Mich zu opfern, und habe mich todesmutig, schützend vor meine "Familie" gestellt. Ich habe mich genau vor dem TV-Fenster postiert, Mich so groß gemacht wie ich nur konnte, und bin auf den Hinterbeinen stehend, nach Allen Regeln der Kunst ausgeflippt. Habe ein Spektakel losgelassen, und gebellt, was eine Mopskehle nur hergibt. Ich habe einfach alles gegeben!

Mama, Papa haben immer wieder etwas dazwischen gerufen, ich weiß nicht ob es Angstschreie, oder Anfeuerungsrufe waren, obwohl ich gar keine Zeit hatte, mein altes Ohrenleiden herauf zu beschwören, ich konnte es trotzdem nicht verstehen, die Ekstase hatte mich übermannt.

Rettung kam in letzter Sekunde. Kurz bevor ich einer Herzattacke erlag, war Mama aufgesprungen, und hat das Fenster schnell geschlossen. Für einen kurzen Moment, wirklich nur einen sehr kurzen Moment, herrschte Totenstille im Zimmer. Ich wusste im Moment gar nicht wie mir geschah, bis Mama Los donnerte:

"Das war doch nur im Fernseher, du Rhinozeros, dir tut doch keiner was, die dürfen da sein"!

Nie habe ich mich so Doll über Mamas Mecker gefreut, wie in diesem Moment. Es war so schön, diese vertrauten Töne zu hören....und mir war trotz der ganzen Aufregung nicht entgangen, dass ich endlich zu einem ganz Großen befördert worden war. Ich hatte mir doch schon lange so sehr eine Beförderung, vielleicht zu einem Nilpferd, oder einem Nashorn, jedenfalls zu etwas ganz Großem gewünscht. Nun habe ich es sogar zu einem Rhinozeros gebracht, ich bin so stolz!!!!! Trotzdem muss ich gerade an die Gefiederten von Tante Ulrike und Onkel Jörg denken. Die werden sowas Ja wohl nicht machen! Ich meine Leichenfledderei, und

Augen raus hacken. Mir wird ganz Anders, ich sehe die Gefiederten jetzt mit völlig anderen Augen.

Ich wollte Ja noch nie deren Futter weg fressen, dann hätten die solche Barbarei gar nicht nötig. Mama hat die ganze schuld!

Erstmal schnell auf der Fensterbank, Posten beziehen, Präsenz zeigen, so Als Rhinozeros! Gut sichtbar postiert, habe ich auf die ersten ignoranten "Fäkalschleudern" gewartet, Mich groß aufgerichtet, und kräftig Laut gegeben.

Was soll ich sagen. Die Resonanz war ernüchternd, eher schon beschämend. Sie haben nicht mal ein kleines bisschen anders reagiert wie sonst. Also wie immer, eigentlich gar nicht! Nicht mal einem Rhinozeros erweisen die den gebührenden Respekt. Die kacken einfach munter weiter.

Ich werde Papa den Vorschlag machen, das Zeug einzusammeln, und den Naturdünger zu verkaufen.

Ich gehe dann beim Einsammeln auch immer mit, und zeige an, wo noch was zu verdienen rumliegt. Daraus könnte doch ein lukrativer Handel entstehen, zu irgendetwas muss das Zeug doch gut sein!

Papa will sich auf den Handel mit Naturdünger nicht so recht einlassen. Auch für das Einsammeln der Korpus Delikti kann er sich nicht wirklich erwärmen. Außerdem sei der Einstieg in die Selbständigkeit angeblich eine riskante Angelegenheit. Mit diesen fadenscheinigen Argumenten hat er meinen genialen Vorschlag einfach abgebügelt, und vom Tisch gewischt. Da verstehe ich Papa nun wirklich mal nicht. Bei Mama, war das ja nichts Neues, die verstehe ich öfter mal nicht. Aber das Papa sich so quer stellt, wo das Geld doch direkt vor der Haustür, auf unserem Rasen liegt, und er den Sammelbehälter nicht mal selber tragen müsste. Den könnte er doch wunderbar an seinen Gehstock bummeln! Aber bitte. Mama, sagt ja immer: "Wer nicht will, der hat schon"... Usw., den Rest des Spruchs lasse ich mal weg, der kommt hier gerade sowieso nicht in Frage.

...."Und wer nicht frisst, ist satt", musste ich jetzt doch noch schnell loswerden, soweit soll es nicht gehen! Das muss Papa nun wirklich nicht! Er soll das doch nicht......... igitt!
Oder hatte ich etwa gerade den "Beamten a.D. Dünkel" unsittlich berührt? Ist Papa da etwa kleinlich? Egal, Papa soll sich mal nicht so anstellen, Geld stinkt schließlich nicht, was es vorher war, war Wurst.

Beim nächsten Frühstück fiel mein "Fietebroti" mal ganz anders aus. Mit ohne Cornedbeef, endlich, es gab für Mich Geflügelwurst auf die Stulle.
Allein schon wegen der Abwechslung war ich erstmal

begeistert. Geschmacklich, naja. Kann man fressen, muss man aber nicht unbedingt. Ein wenig lasch und fade das Zeug, aber Mal was Anderes. Und da das Zeugs so mager war, habe ich auch gleich zwei Scheibchen mehr bekommen. Außerdem war da auch noch Mamas Guter Wille zu würdigen. Von den vielen Stückchen fetter Blutwurst und sonstiger "Schweinereien", die ich immer heimlich von Papa bekam, wusste Mama, zum Glück nichts. Oder doch?? Egal, jedenfalls ließen diese Köstlichkeiten meine Geschmackspapillen aufblühen und jubeln, und, sie landeten in meinem Bauch, so weit, so gut also.

Erstmal war nun die lätscherte Geflügelwurst Mamas absoluter Favorit. Jedenfalls auf meinem "Fietebroti". Hätte ich ich bloß nicht so abfällig über das Cornedbeef ausgelassen! So war das manchmal, das hatte ich nun davon, ich mochte nun auch nicht gleich wieder rumnörgeln. Mit Papas Extrazuwendungen war es schon ganz in Ordnung so, fürs Erste jedenfalls. Hauptsache, Papa und ich fliegen nicht auf. Mama, wundert sich nämlich schon, dass meine Diät nicht mehr so richtig greift. Wenn Mamas Misstrauen erstmal geweckt war.....nicht ungefährlich, nicht zu unterschätzen! Ich mag gar nicht an, die mageren Zeiten denken, die dann wirklich auf mich zu kämen. Momentan glaubt Mama Wohl noch, ich sei ein ganz besonders guter Futterverwerter. Der Stoffwechsel vorbildlich, und die Darmflora eine einzige niedliche Blümchenwiese. Aber wie lange noch? Hoffentlich noch ganz ganz Lange. Bitte!!

So langsam könnte Mama Sich doch mal von ihrer Opferrolle trennen, und sich um ihre eigenen "Baustellen" kümmern, ich hätte nichts dagegen, das würde ein bisschen von mir ablenken. Von der zarten, biegsamen Pinie im Winde, war sie Ja nun auch, mindestens, Lichtjahre entfernt. Von stämmiger XXL Elfe, bis, hin zur biegsamen Pinie, war es nicht mit einem Spaziergang um den Häuserblock getan, den Mama, wegen lahmendem Hinterlauf, noch nicht mal schafft. Aber immer auf Mich, immer auf die Kleinen. Immer den bequemsten Weg, war doch meine Lebensphilosophie!

Mein morgendlicher Gassi Gang mit Papa, auf dem wir auch gleich die frischen Frühstücksbrötchen einfangen, führt immer mal wieder über den Wochenmarkt, der bei uns zweimal in der Woche abgehalten wird. Wir schlendern meist auf dem Rückweg drüber, Papa schaut die vollen Auslagen der Marktstände, und ich schaute mich notgedrungen auch interessiert um, da meine eigentliche Lieblingsbeschäftigung, schnüffeln und markieren, auf dem Wochenmarkt strengstens untersagt war. So habe ich es dann entdeckt. Den Ort des Grauens, das mobile "Henkerhaus" der Gefiederten, den Geflügelwagen.

Als ich die Auslage sah, fuhren meine Gefühle mit mir Achterbahn, der Magen wollte unbedingt mit dabei sein, sprang auch noch auf den Wagen auf, meine Seele krümmte sich vor so viel Elend, und meine Gedanken verknoteten und verhedderten Sich, in einem heillosen Wirrwarr. Wer dachte sich sowas aus, wer vollzog, und warum scherte es niemanden? Die Gefiederten, es waren nicht mal mehr welche, sie hatten Ja keine Federn mehr, waren Splitter Faser nackt. Also die ehemals gefiederten Tierchen, die ich noch quicklebendig aus unserem Park kannte, die so nett quakten, schnatterten, so elegant schwimmen konnten, und an Land so drollig rumwatschelten, waren zum Teil auf Fleischerhaken gespießt, an einer Stange an der Decke befestigt, mit Kopf, der traurig zur Seite gefallen war, und hingen dort halt wie frisch Gehängte nach der Folter. Andere Leidensgenossen waren sogar gehäutet, und in praktische Portionen zerlegt. Sogar ausgerissene Beine lagen einzeln rum, Flügel auch, und Schüsseln voll mit den inneren Werten, Herzen und Mägen! Der Rest der bedauernswerten Kreaturen war fein säuberlich aufgeschnitten zu Wursttürmchen aufgestapelt. Und genau sowas hatte ich gestern noch auf meinem "Fietebroti"!

Auf dem Nachhauseweg habe ich sofort erstmal alle paar Meter meine Message, in Steno, an alle Kumpel hinterlassen. Pfoten weg von Geflügelwurst, näheres später, am Nachrichtenverteilerbaum!

Beim Frühstück habe ich selbstverständlich den Verzehr von Geflügelwurst vehement verweigert. Ich wollte unbedingt mein Cornedbeef wieder haben, das war doch ganz etwas anderes! Papa aß von Haus aus kein Geflügel, noch nie, in keiner Form, und ich jetzt auch nicht mehr. Papa wusste schon warum! Mama war ein wenig ratlos und pikiert, Weil ich ihre wohlgemeinten Geflügelgaben verschmähte. Aber Frauen verstehen die Männer sowieso eher selten. Nachts hatte ich erstmal schlimme Albträume, vom Fellrupfen, Hautabziehen, und Beine ausreißen. Flügel habe ich noch nicht. Einfach nur schrecklich.

Einen ausführlichen Bericht habe ich später noch, wie versprochen, an, jenem bestimmten Baum abgefasst. Das war ich den Geflügelten irgendwie schuldig.

Mama hat mir keine Geflügelwurst mehr angeboten, sie dachte wohl ich mag die nicht so, was auch irgendwie stimmte. Ich habe viel lieber mit ihr zusammen ein goldbraunes halbes Hähnchen, aus der großen weiten Welt, vernascht. So lecker! mhhhh.....Auch wenn ich von der knusprigen Haut, die Mama so genüsslich abzog und verspeiste, nie etwas abbekam.

Mama hat schon immer gerne ein halbes Hähnchen gegessen. Schon als ganz kleines Mädchen ist sie mit Opa zum "Wienerwald" gelaufen, um Welche für das Abendbrot zu kaufen. Bis zu dem Tag, an dem sie Opa ganz fürchterlich blamierte. Unter lauten "Oh Papi, oh Papi"-Rufen, damit auch jeder der dort Speisenden an ihren momentanen Nöten teilhaben durfte, und umfassend informiert war, hat sie direkt vor dem Ausgabetresen eine Blasenkomplettentleerung vollzogen. Nach diesem Zwischenfall soll Opa künftig auf die Begleitung verzichtet haben. Vielleicht wollte Mama, auch nur eine wichtige Botschaft hinterlassen, und damals schon, vor dem Verzehr von Geflügelwurst warnen! Nur, Da war halt kein Nachrichtenverteilerbaum…

Man kann es heute nicht mehr klären, und seit Mama Groß war, macht sie sowas auch nicht mehr.

Wenn Mama so alte Geschichten von Früher erzählt, mache ich es mir mopsgemütlich, rolle Mich zusammen, den Kopf auf die Vorderpfoten, und genieße das Zuhören.

Seit meiner letzten Aktion bin ich bei Mama, mal wieder ganz besonders unter Wind. Ich finde, das liegt aber ganz alleine an Mamas Verklemmtheit, und nicht an mir.

Mama hat Etwas bei Amazon bestellt, und rechnete an diesem Tag mit der Auslieferung. Der Paketbote klingelte, und ich war, wie immer, selbstverständlich der erste bei der Tür. Fiete, das Einmannbegrüßungskommitee. Irgendwann hatte dann auch Mama den "Riesen" Parkour bis zur Wohnungstür erfolgreich absolviert, glücklich geschafft, um endlich zu öffnen. Dem Boten war wohl inzwischen schon langweilig geworden, und hatte, bis Mama so weit war, vorsorglich auch schon mal bei unserem Nachbarn geklingelt, der längst die Tür geöffnet hatte. Ich witterte sofort Morgenluft, ergriff die Gunst der Stunde, und hechtete los. Mein Sprint war durchaus rekordverdächtig, schließlich wusste ich genau, nur mit Schnelligkeit konnte ich Mama Überrumpeln, abhängen, um mein Vorhaben zu realisieren. Endlich mal nachsehen, wie Nachbars so wohnen. Das war doch wichtig, hinterlässt Eindrücke und gibt Aufschlüsse.
Schließlich begegneten wir uns des Öfteren, begrüßten uns, und ab und an, war auch schon mal eine Streicheleinheit drin´. Sowas muss man doch pflegen und ausbauen, das fällt unter freundliches, nachbarschaftliches Gebaren. Das sollte Mama, eigentlich auch wissen und praktizieren. War aber

nicht so ihr Ding, lieber immer eher etwa distanziert. Also höchste Zeit, dass ich mal vermittelnd eingriff. Wie gesagt, wie aus der Pistole abgeschossen war ich über den Flur gehechtet, und rein in die gute Stube bei Nachbars. Im Mopsgalopp, wie angestochen durch die Wohnung, blitzschnell in jede Ecke geguckt, alles sehr sauber und aufgeräumt, und weiter mit dem Schnelldurchlauf. Draußen, auf der anderen Seite des Flurs, Mamas verzweifelten Rufe nach ihrem Fiete, die durch das ganze Treppenhaus dröhnten. Es hallt so herrlich bei uns. Was Mama bloß schon wieder hatte, ich war doch nun wirklich um Schnelligkeit bemüht. Einen Abstecher schnell noch in die Küche, es roch da so gut, war aber nichts zu holen, und schwupp war ich auch schon wieder zu Hause. Mir hatte der Ausflug außerordentlich gut gefallen, und ich war fest entschlossen, demnächst auch mal bei den Nachbarn obendrüber vorbei zu schauen, einen Blitzbesuch abzustatten, ob es dort auch alles so sauber und adrett war. Mama, weiß natürlich noch nichts davon.

Ach ja, und das Päckchen, um das es eigentlich ging, es war noch gar nicht für uns! Beim nächsten Klingeln musste ich übrigens erst an die Leine, bevor geöffnet wurde. Mama kann manchmal echt kleinlich sein. Was hat sie bloß immer! Ich bin doch nur freundlich, aufgeschlossen, und kontaktfreudig, einfach nur nett!

Seit unserem letzten Einkaufsbummel durch eine
Tierhandlung, darf ich nirgends mehr mit rein. Hat
Mama Verfügt, da ich mich, mal wieder, wie eine
Wildsau benommen hätte. Nur "wie" eine Wildsau,
also keine Beförderung. Naja, viel mehr wie ein
"Rhinozeros" geht sowieso nicht mehr, und die
Beförderung hatte ich schon abgegriffen. Mein so
fürchterliches Vergehen war das Markieren. Ich hatte
mal wieder nicht widerstehen können. Es war aber
auch alles so spannend und interessant Dort, und vor
allem, es roch alles so gut, und auch verführerisch!
Da habe ich mir dann eben etwas ausgesucht, und
vorsichtshalber gleichmal, als mein persönliches
Eigentum gekennzeichnet. Man weiß schließlich nie,
immerhin liefen da noch andere auf vier Beinen rum,
und bevor Nasewischen war......
Eine der Angestellte hat mich dann auch sofort
denunziert. Hätte sie nicht nur rumgestanden, was
gearbeitet, hätte sie es gar nicht mitbekommen. Mama
war das sehr peinlich, sie wurde ziemlich rüde
zurechtgewiesen, besser auf mich zu achten. Arme
Mama, aber sie hat ganz souverän reagiert. Erstmal
darauf hingewiesen, dass ich eben ein Tier sei, und
die bitten nun mal nicht erst höflich um den

Kloschlüssel, dann aber um einen Wischer gebeten, um das Malheur zu beseitigen. Das brauchte sie zwar nicht selber machen, aber trotzdem. Mama konnte die ja leider nicht so richtig zur Schnecke machen, was Mama am allermeisten wurmte, weil sie ja irgendwie auch ein bisschen Recht hatte, aber nur ein bisschen. Ein ganz kleines Bisschen. Diese blöde Angestellte! Ich korrigiere, diese blöde Kuh! Null Verständnis, und dann noch keine Ahnung vom artgerechten Umgang mit ihren vierbeinigen Kunden, aber in der Tierhandlung rumlungern, dicke Backen machen, und Mama auch noch von der Seite anquacken.

Papa hatte sich mal wieder vorsorglich abgesetzt, und interessierte sich plötzlich brennend für das gesamte Zubehör, was sich der geneigte Hamsterfreund, so für die Grundausstattung, und den Zuchtaufbau, unbedingt anschaffen sollte, im Nebenregal natürlich. Was ich mir so sorgfältig ausgesucht, und so ausdrücklich, unübersehbar, reserviert hatte, habe ich natürlich nicht bekommen, nicht mal ein Leckerli beim Verlassen des Etablissements. Das gibt es sogar jedes Mal beim Tierarzt. Dort vielleicht aber eher zur Beschwichtigung, Wiedergutmachung für erlittene Quälereien. Was ich bekam, sofort wie wir draußen waren, einen dicken Anschiss! Im Laden hatte sich das noch ganz anders angehört. Jetzt kamen plötzlich die "Anderen Leute" mal wieder ins Spiel. Was die wieder denken würden, ecetera, ecetera...Langsam dämmerte es Mir. Diese blöde Kuh war also schon mal eine, dieser ominösen "Anderen Leute", die Mama so fürchtete. Ne, also die möchte ich auch nicht plötzlich im Schlafzimmer stehen haben. Da hatte Mama, ab sofort mein vollstes Verständnis!

Sollte ich doch nochmal die Gelegenheit erhalten diesen Laden zu betreten, werde ich extra nochmal hinstrullern. Strafe muss sein. Da muss Mama dann durch. Selbst ein Ladenverbot wäre für mich kein Hinderungsgrund für mein Vorhaben. Zum einen gibt es noch so viele andere Zoohandlungen, und außerdem ordert Mama, das meiste unseres Bedarfs jetzt schon über das Internet. Also, so what.....alles gut durch dacht. Der Mops an sich war halt clever, und ich ganz besonders! Fiete eben...Fiete (Junior), alias Alex vom Kaiser-Wilhelm-Kanal.

Jetzt drängt es mich schon wieder! Ich muss erstmal dringend raus, meine Geschäfte erledigen. Ich warte damit schon eine halbe Ewigkeit, in der Hoffnung, dass sich die klimatischen Verhältnisse heute noch mal ändern, sieht aber nicht danach aus. Es gießt in Strömen, es regnet Cats and Dogs, wie der Engländer zu sagen pflegt. Der Norddeutsche sagt dazu, es regnet Bindfäden, oder aber, es regnet Kuhscheiße vom Himmel.

Ja, hier im Hohen Norden wird eben auch nochmal Klartext gesprochen. Sehr sympathisch finde ich. Mir scheint das mit der Kuhscheiße am passendsten. Zumindest gibt es das Ekelgefühl, bei diesem Wetter raus zu müssen, am authentischsten wieder. Mama, bekam schon, via WhatsApp, eine Anfrage auf ihr Handy, ob sie die Sonne verschluckt habe, wenn dem so sei, solle sie die sofort wieder ausspucken! Man traut Mama, anscheinend eine ganze Menge zu, wenn man solche Verdächtigungen schon öffentlich, im World Wide Web loslässt. Mama war das aber wirklich nicht. Sie hatte sich schon wieder ausgiebig geopfert, und so viel in sich hinein gestopft, die Sonne hätte da nicht mehr drauf gepasst. Außerdem mag Mama Sonne auch viel lieber wie die Kuhscheiße! Und genau die, muss ich jetzt auf Mich niederprasseln lassen. Unerhört und rücksichtslos, wo man doch auch da Oben, in der globalen Wetterzentrale Bescheid wissen musste, dass ich so wasserscheu bin. Es gibt nun wirklich jede Menge Planeten die so durch das Universum sausen, alle unbewohnt, und dann noch die vielen Fixsterne. Jeder angelernte Hilfswettermacher dürfte wohl in der Lage sein, das zu verbrauchende Tagessoll der Wassermenge, gezielt auf so einen Fixstern abzuschütten. Aber nein, genau dann, und genau da drüber, Wo Fiete mit Papa Gassi gehen will, wird Oben das C-Rohr aufgedreht. Das war doch Absicht, da steckt doch Methode hinter!

Da schiebe ich nun Tag für Tag, freiwillig, eine Schicht um die andere auf der heimischen Fensterbank, um den unkoordinierten Fäkalverkehr auf meinem Rasen zu regeln, und als Dank werde ich jetzt von oben damit beschmissen. "Undank ist der Welten Lohn"....den Spruch habe ich von Mama.

Papa hat sich schon mal regendicht verpackt, mit Abperl-Effekt, und ich muss mich mal wieder völlig ungeschützt den Naturgewalten entgegen stellen. Genau jetzt hätte ich gerne einen Rundumschutz, mit Kapuze, gerne auch Gummistiefel gehabt. Habe ich natürlich nicht. War klar, wenn man es braucht, war nichts da. Was soll´s. Also los jetzt, was muss, das muss. Mama hat noch netterweise am Fenster gewunken. Diesmal hat sie auch noch eindeutig gegrinst, sonst lächelt sie immer!

So gemein....

Ich habe ganz schnell gemacht, auf die sonst so vergnüglichen Dinge, wie "Zeitung lesen" und rumschnüffeln verzichtet. Nur das Allernötigste, um das richtige Plätzchen zu finden. Soviel Zeit muss sein, und dann aber im Spurt wieder nach Hause. Papa musste ich wieder ein bisschen antreiben und ziehen, damit er in die Gänge kommt, hat dann aber geklappt. Gelernt war eben gelernt. Ich hatte auch langegenug mit ihm geübt, bis, ich ihn soweit hatte.

Zu Hause war der nächste Ärger schon vorprogrammiert, Papa hatte nämlich (natürlich absichtlich) vergessen, mein Trockenrubbelhandtuch auf der Türschwelle unserer Wohnungstür zu deponieren. Er hat einfach nicht so die Lust dazu, Mich noch vor der Tür trocken zu rubbeln, und wieder salonfähig herzurichten. Ergo musste ich mit meinen Dreckbeinen, wie Mama, es so nett zu formulieren versteht, erstmal in die Wohnung. Dafür hat dann Papa den Anschiss bekommen, und nicht ich. Hä hä.

Allerdings kamen Mamas so sorgfältig, und mit Bedacht ausgewählten, mahnenden Worte gleich wieder aus Papas zweitem Ohr, in unsortierter Folge, als Einzelbuchstaben rausgeschwebt, wurden vom leisesten Luftzug, in fröhlich beschwingten Wellenbewegungen, leicht tänzelnd davongetragen, und verflüchtigten sich einfach so ins Nichts. Papa kann das! Sein Verbindungsgang von einem Ohr zum anderen war absolut gradlinig, ohne jede Windung, so gewienert und poliert, wenn er wollte, konnte er alles auf direktem Wege durchschleusen, ohne die geringste Gefahr, dass Unliebsames etwa stecken oder hängen bleiben würde.

Hängen blieb erstmal das Trockenrubbeln, und zwar an Mama. Papa musste mich mit der Leine fixieren, damit ich nicht sofort stiften ging, durch die ganze Wohnung raste, um überall etwas von der Nässe meines Fells zu hinterlassen. So was mache ich selbstverständlich, sogar sehr gerne. Mama, trocknete sich nach dem Duschen doch auch ab, ich mache es eben nur ein kleinwenig anders. Erstmal kräftig das Fell ausschütteln, dann so herrlich auf dem Teppich rumrollen, der saugt dann schon mal das Gröbste auf, und anschließend die Feintrocknung auf dem Bett. So richtig schön Aalen, wälzen und rangeln, in der frischen Bettwäsche. Was kann es Schöneres geben. Momentan fällt mir da nichts Schöneres ein. Jedenfalls nicht Mamas blödes raues Riesenhandtuch, mit dem sie ihren kleinen Fiete direkt grobmotorisch durchwalkt. Ansonsten war es eigentlich ganz nett, ich tobe gerne unter dem Handtuch, zapple rum und winde mich, schmeiß´ mich hin, werde ordentlich albern, schnappe nach dem Handtuch, zerren daran rum, Mama mosert rum, und kommt mächtig ins Schwitzen. Eigentlich eine tolle Sache, das volle Programm, wenn Mama, nur nicht immer so rusch und grob dabei wäre. Wie ein Feldwebel kommandiert sie Mich rum. Still halten, zapple jetzt gefälligst nicht so rum, Fuß her, andern Fuß, usw... In solchen Momenten bringt es auch absolut nichts, Mama darauf Aufmerksam zu machen, dass ich eigentlich eher Pfoten mein Eigen nenne. Da war sie so in Gange, in Rage, und am Rumfuhrwerken, da war für solche Spitzfindigkeiten kein Raum, sie würde es glattweg bestreiten!

Nach Vollendung der Prozedur bekomme ich schon gerne mal eine Lebensweisheit, wohl eher eine alte Bauernregel, mit auf den Weg in mein Körbchen. Das der Regen eben wichtig sei, damit alles schön wachsen kann, und, jetzt kommt es: "Ist der Mai feucht und nass, füllt er dem Bauern Scheun` und Fass". Wir hatten tatsächlich gerade Mai, und ich wollte das sowieso schon immer mal wissen. Unbedingt!

Mit diesem neuen, furiosen Wissen, dass dieser scheiß Regen, doch eigentlich etwas ganz Wunderbares sein soll, habe ich mich erstmal zurück gezogen, um mich bei einem zünftigen Nickerchen von den erlittenen Strapazen zu erholen. Aber erst noch mal im Körbchen ordentlich hin und her wälzen, der Restfeuchte im Fell zu Leibe rücken. Mama hat offensichtlich schlampig gearbeitet, und nicht genug gerubbelt. Unerhört eigentlich! Ich könnte schließlich einen Schnupfen bekommen, schlimmen Husten womöglich, und wer weiß was noch alles. Oh ich glaube ich merke schon was. Maamma......

Heute hat Mama Waschtag, ein absolutes Highlight,

ich liebe diese Waschtage einfach. Sie sortiert die Wäschestücke erst vor, und macht nette kleine Häufchen. Und genau das sind sie, die Objekte meiner Begierde, die kleinen, farblich vorsortierten Wäschehäufchen, wobei mir die Beweggründe des Sortierens, und die verschiedenen farblichen Nuancen der Häufchen, deren Sonderwünsche, wie warm sie es denn nun gerne im anstehenden Chemiebad hätten, völlig wurscht sind. Wegen mir, könnte sie schon mal den ganzen Aufwand sparen, und nur einen einzigen schönen bunten Wäscheberg auftürmen. Für mich zählt doch nur der Duft, der macht es ja erst so begehrlich. Alles, jedes einzelne Stück riecht so gut, so unwiderstehlich gut nach Mama, und Papa. Und damit war der Kampf um die Wäsche auch schon eröffnet. Mama will sie waschen, unbedingt den Eigengeruch entfernen, und ich, ich will sie um jeden Preis vor den prasselnden Wassermassen, der Flutung, dem Schüttel- Dreh- und Schleudertrauma in der viel zu engen, auch noch löchrigen, eiskalten Metallröhre, und den widerlichen künstlichen Düften, die Mama der Wäsche unbedingt aufzwängen will, retten. Otti und Herr Bimmel sind auch schon Vorort, ein Lob darf hier jetzt nicht unerwähnt bleiben, ich muss sagen, da halten wir drei WG Bewohner direkt mal fest zusammen.
Herr Bimmel legt sich schon mal bräsig auf den

Wäschehaufen, der zuerst fällig, und schon vor der Waschmaschine deponiert war. Othello inspiziert vorsorglich, mit akribischer Gründlichkeit die Waschmaschine von innen, ob Mama vielleicht schon heimlich, zwecks Vorenthaltung, etwas versteckt hat, und ich laufe zur Höchstform auf, stürze los, greife mir ein Wäschestück, bevorzugt Socken, blitzschnelle Kehrtwende, und jage damit ab durch die Mitte. Inzwischen hat auch Mama, tierische Lust bekommen mitzuspielen, heidewitzka, und ab geht die Post. Ich immer vorweg, Mama, immer hinter her. Herrlich, und so ausdauernd! Mama Spielt das Spiel allerdings nur mit, wenn sie dabei sprechen darf.

Fiete bleibe sofort stehen, wehe du machst die kaputt, gib sofort die Socke her, Aus, Pfui, Sitz, Platz......dabei lasse ich sie, um die Spannung noch mal extra anzuheizen, erst ganz dicht an mich ran kommen, um im letzten Augenblick, kurz vor dem Zugriff, seitlich wegzuhüpfen. Es macht so viel Spaß, ein wirklich tolles Spiel, und dann noch mit ernstem Hintergrund, nämlich der Rettung gut riechender Wäsche, vor dem Ersäufen im Chemiebad! Mama, schwenkt aber leider immer so schnell um. Erst will sie unbedingt mitspielen, und wenn ich dann grade so richtig warmgelaufen bin, hat sie plötzlich keine Lust mehr, wird launisch und nörgelig, richtig herrisch manchmal. Und nur, weil sie nicht gewonnen hatte.

Nach einer ganz besonders ausgelassenen Jagd, war dann plötzlich Schluss mit Lustig, endgültig, das Ganze Spektakel wurde ersatzlos gestrichen. Mama, konnte wohl einfach nicht verlieren. Dabei hatte ich Mama ja gewinnen lassen, allerdings nur so zum Schein, ließ mir die Socke sogar wegnehmen, aber nur, um sofort wieder loszuschießen, und die nächste Socke, Herrn Bimmel direkt unterm Hintern weg zu ziehen, der noch immer stur auf seinem Haufen hockte, und auch stoisch sitzen blieb, er nahm seinen Part wirklich ernst, sehr zuverlässig, um dann die nächste Runde mit Mama einzuläuten. Das war wohl zu viel für sie, totale Überforderung. Auf was man aber auch alles achten soll! Ich vergesse einfach immer den enormen Altersunterschied zwischen uns beiden. Jedenfalls legte Mama, nun erstmal so richtig los, aber mit sowas von Vollgas! Leider nicht an Schnelligkeit und extra raffinierten Einlagen beim Jagen, dafür aber, mit voller Inbrunst vorgetragenen, verbalen Ergüssen. In dieser Disziplin war Mama, immer schon besser wie ich. Macht aber nichts, ich kann gönnen. Außerdem will ich gar nicht das Sprechen lernen, auf gar keinen Fall, um keinen Preis, das hätte mir gerade noch gefehlt, jedes Mal auch noch antworten, und meine Missetaten rechtfertigen müssen, wo Mama es gleich immer gerne so detailgenau hätte. Heiliger Schutzpatron aller Möpse, verschone Mich mit solchen Gaben, bloß das nicht! Mama Erhob die Stimme, und hat ihren Monolog, mit glockenklarer Selbigen, vorgetragen, auch die Mimik, alles stimmig. In einem Schauspielhaus, wären selbst die Letzten, auf den hintersten, billigsten Plätzen, voll auf ihre Kosten gekommen...

wo wir denn hier wohl wären, ob das hier ein Irrenhaus sei, das wären ja Zustände wie im alten Rom, und das nächste Mal würde sie uns an die Gardinenstange hängen, alle drei, worauf wir uns verlassen könnten, usw.......Mir war die Lust sofort vergangen, ich habe die zweite Socke widerstandslos einziehen lassen. Sich dafür nun standrechtlich erschießen, oder, wie schon angedroht, Hängen zu lassen, war die Socke nun auch wieder nicht wert, obwohl, sie roch Ja traumhaft!

Herr Bimmel hat sich vorsichtshalber auch gleich an den Abstieg von seinem Wäschegipfel gemacht, das Laute kann er gar nicht verkraften, nur Othello, der wollte die Sache jetzt anscheinend um jeden Preis durchziehen, blieb stur und unbeirrt in seiner Wäschetrommel hocken. Nur durch Mamas "Handgreiflichkeit" hat er sich notgedrungen dem Gesetz des Stärkeren, der Anarchie gebeugt, allerdings nicht, ohne von seinem verbrieften Recht auf freie Meinungsäußerung Gebrauch zu machen, und ein paar empörte Protestschreie abzusondern.

Danach hat er sich halbwegs würdevoll raus tragen lassen. Angekettet hatte er sich Gott sei Dank nicht! Das Mama, mal wieder nicht so genau wusste, wo sie sich gerade befand, machte mir ein wenig Sorge. Es war nicht das erste Mal, dass mir solche Gedächtnisausfälle bei ihr auffielen. Dieses Mal konnte sie sich wieder nicht klar werden, ob nun im Irrenhaus, oder, doch eher im alten Rom. Eigentlich zwei sehr unterschiedliche Örtlichkeiten, und da soll es Verbindungen geben? Oder ob Mama Langsam tüttelig wird? Oder war sie etwa schon? Sie war doch noch nicht mal im neuen Rom, geschweige denn, überhaupt schon mal in Italien. Wo will sie nun ausgerechnet etwas über die Zustände des alten Roms, zu Zeiten des großen Imperiums, her wissen, und warum sollen die damals so ähnlich wie bei uns gewesen sein, die Zustände meine ich. Wie in der Antike leben wir hier nun aber wirklich nicht. Oder hatten die alten Römer auch so gerne an Alten Socken geschnüffelt? Und im Irrenhaus, machen die das da heute noch? Hatte Mama, vielleicht einschlägige Informationen? Man weiß es nicht.

Noch mehr Sorgen machte mir das Hängen! Die Androhung, aus dem Fenster gehängt zu werden, kannte wir drei Ja schon. Wäre vielleicht auch nicht ganz angenehm, aber immerhin freier Blick, An frischer Luft. Damit konnte man leben. Aber Hängen, das hatte so etwas Endgültiges, das war gleich so ein Quantensprung, im Verhältnis zur ersten Androhung.

Ich hatte sofort wieder die armen nackten, ehemals Gefiederten vor Augen, wie sie da so unwürdig von der Stange hingen, im Haus des Grauens, dem Geflügelwagen. Da war es zwar keine Gardinenstange, aber in diesem speziellen Fall war das auch egal, Stange war da Stange. In solchen Ausnahmesituationen war es dem Delinquenten nicht mehr wirklich wichtig, ob das Teil nun Gefiedertenaufknüpfstange, oder mehr schlicht, Gardinenstange heißt, wo sie dran auf gebummelt werden sollen. Die korrekte, spezifische Bezeichnung, Serien- und Artikelnummer, verlieren schlagartig ihre sonst, zwecks Lagerbestandspflege und Nachbestellung, so wichtige Bedeutung.

Ich will nicht hängen. Ich könnte ja nicht mal den Kopf, ganz traurig, so theatralisch, zur Seite baumeln lassen, dazu bräuchten man auch Hals. Ich habe gar keinen Hals, jedenfalls keinen sichtbaren. Das sähe dann also auch noch scheiße aus, wenn ich Frisch Gehängter, stur geradeaus gucke. Überhaupt, die Gardinenstange war doch kein adäquater Aufenthaltsort für Haustiere! Wo bitte bleibt da der Tierschutz, wenn man den schon mal braucht!

Mein einziger Trost, dass ich nicht alleine hängen soll,

sondern auch Mamas beiden Süßen. Wundert mich eigentlich...Nicht, dass ich es den Beiden etwa gönne, aber so ganz alleine da rumhängen, ich fühle mich dann so einsam.......

Die nächste Zeit werde ich jedenfalls erstmal ganz brav sein, mich von meiner aller besten Seite zeigen. Vielleicht sieht Mama, dann nochmal von der Höchststrafe ab, und wir kommen mit dem Schrecken davon. Hoffentlich!......Ich wünsche mir schon mal selber viel Glück.

Ich bin ja tierisch gespannt, ob Mama noch mehr Zustände, zum Vergleich mit unseren kennt, von irgendwelchen Stämmen, längst vergessenen Volksgruppen, alten Völkern und Kulturen, oder sonst noch was. Immerhin waren mir einige Gebräuche und Sitten Anderer schon näher gebracht worden. Sowas bildet schließlich auch. Wir hatten bereits die ominösen Anderen Leute, das Irrenhaus, die alten Römer, und auf keinen Fall zu vergessen, die Hempels, und deren unkonventionellen Wohnverhältnisse unterm Sofa. Was soll ich sagen, ich hatte Glück. Mama war es doch tatsächlich noch gelungen, Verbindungen der Lebensverhältnisse zwischen unseren, und derern der Vandalen und der Hottentotten auszugraben. Toll, oder?

Bei den Neandertalern hat sie wohl nichts gefunden.

Jedenfalls wurden die nie in die Vergleichsstudien mit einbezogen, auch sonst nicht irgendwie erwähnt. Schade!

Othello und Herr Bimmel hatten sich bei der letztlich misslungenen Wäsche- Rettungsaktion mehr aus Solidarität eingebracht und mitgewirkt, und das, obwohl alle beide eigentlich frischgewaschene Wäsche vorziehen. Verstehe ich zwar überhaupt nicht, aber ich rechne ihnen ihr Engagement dafür doppelt so hoch an. Das bei denen dauernd irgendwas Anders lief wie normal, also wie bei mir, daran hatte ich mich langsam schon gewöhnt. Ihre eigene Vorliebe, ganz besonders die von Otti, war das Bettenbeziehen. Wenn es nach ihm ginge, gerne auch täglich, das war einfach sein Ding. Schon das Abziehen der Betten hatte er fest im Griff. Spätestens das Aufschütteln und Abstreifen der Bezüge, wertete er als ganz persönliche Einladung zum Mitmischen, in Form von Reinspringen, in geduckter Lauerstellung zu verharren, um dann blitzartige Scheinangriffe zu starten, und sonstigem übermütigen Toben.
Die abgezogene Wäsche landete erstmal achtlos übereinander geworfen auf dem Boden, und wehe, Mama hatte vergessen einen Reißverschluss gleich, sofort, und auf der Stelle zu schließen.
Egal wie verwurschtelt der Haufen auch war, Otti

fand das Schlupfloch, um darin abzutauchen, und dann einen auf "Toter Mann" zu machen. Absolut regungslos und mucksmäuschenstill blieb er unter, und in dem Wäschehaufen vergraben. Ich würde sofort eine hochdotierte Wette riskieren, dass er auch noch die Luft angehalten hat. Er gibt sich wirklich größt mögliche Mühe, irgendwann mal in der Waschmaschine zu landen, und gegen die Trommel anzutreten, dabei wirkt er sonst überhaupt nicht lebensmüde, eher ganz das Gegenteil! Ich fürchte, der Hallodri verlässt sich zu fest und gutgläubig darauf, dass er wirklich, verbindlich, sieben Leben hat, und meint, ruhig zwei drei davon dem Vergnügen opfern, und verzocken zu können. Wenn das man immer gut geht. Schließlich hat er da rein gar nichts schriftlich!

Bisher hat Mama seine Eskapaden immer bemerkt, und ihre liebe Not damit, den kleinen Clown wieder auszugraben, und raus zu pflücken. Sowie er sich entdeckt fühlt, wird er nämlich schlagartig wieder sehr lebendig, und hüpft, so gut es eben geht, immer weiter durch die Wirrungen der Bettbezüge im Wäschehaufen. Für Herrn Bimmel ein einziges Mysterium, dieser scheinbar wandelnde Wäscheberg. Man sieht ihm förmlich an, dass er die Welt nicht mehr versteht. In gebührendem Abstand, mit kugelrunden Augen, angespannt, und hoch konzentriert, und natürlich mit nach vorn gestreckten Barthaaren, lässt er das vermeintliche Ungeheuer nicht aus dem Blick. Mir ist das ehrlich gesagt aber auch ein bisschen unheimlich, ich weiß ja das es Otti ist, trotzdem, so in dieser mehr fließenden Form, mit so viel "Garderobe" drum rum, wuffe ich, nur so zur Abschreckung für Eventualitäten, und haue vorsichtshalber noch mit der Pfote auf die Stelle, wo sich gerade etwas bewegt. Gelegentlich lande ich sogar ein paar Treffer, meistens auf Ottis Kopf. Selber schuld. "Wer nicht hören will, muss fühlen". Diesen Spruch habe ich mir grad´ mal von Mama ausgeliehen, die hat da Unmengen von auf ihrer "Festplatte", für jede noch so verfahrene Situation und Gelegenheit mindestens einen, mindestens, da merkt sie gar nicht, wenn da mal einer fehlt. Wenn ich, nach einer angeblichen Missetat, jedenfalls nach den Paragraphen im "Sündenkatalog" von Mama, meinen Anschiss schon mal weg habe, bin ich sofort wieder versöhnlich gestimmt, wenn da noch so eine Weisheit anhängig war. Ich höre es zu gerne, es reimt sich immer so schön, und erst das Inhaltliche, soviel Wahres! ....Wenn Mama nicht das Übertreiben anfängt. Ich meine nicht, ein wenig übermütiges Überziehen, ich meine schon, das maßlose Übertreiben, zu dem Mama durchaus schon mal, ganz sporadisch, neigt. So empfahl sie mir, nach einigen aufgelaufenen Missetaten meinerseits, Allen Ernstes, ich solle ruhig mal in Mich gehen, überdenken, was ich mir so alles geleistet habe, und es würde wirklich nicht schaden, mit einem kleinen Gebet Abbitte zu tun. Ich dachte nur, jetzt knallt Mama Aber wirklich durch, jetzt ist die Wurst aber warm! Ich lüge nicht, sie hat es ernst gemeint, und mir den Text gleichmal vorgebetet.

"Ich bin ein rechtes Rabenaas, ein wahrer Sündenkrüppel, der seine Sünden in sich fraß, als wie der Rost den Zwippel - Ach Herr, so nimm mich Hund beim Ohr, wirf mir den Gnadenknochen vor, und nimm mich Sündenlümmel - in Deinen Gnadenhimmel".

Auch wenn das von "Thomas Mann", aus den "Buddenbrooks" war, och nöööö, außerdem, ich bin konfessionslos, von einer Taufe war nie die Rede gewesen. Das Pfoten-Falten haute auch nicht hin, zu Letzt, die Daumen gekreuzt übereinander, ich habe doch gar keine Daumen! Das weiß Mama Doch. Überhaupt, seit wann frömmelt Mama, das war Ja ganz was Neues....
"Da wollen wir die Kirche mal im Dorf lassen". Den Spruch kenne ich auch Als Konfessionsloser, von Mama natürlich! Möchte mal wissen, wohin sie die

alle stapelt. So groß war ihr Kopf gar nicht, jedenfalls nicht weiter auffällig.

Inzwischen haben die Matratzen und Oberbetten ihre Frischluftkur erfolgreich überstanden und hinter sich gebracht, da kommt Staubsauger, der Gefräßige, nochmal kurz an die Leine, für eine kleine Zwischenmahlzeit auf den Matratzen. Anstatt sich zu freuen, brüllt er sofort wieder los, das undankbare Viech. Kaum hat Mama Ihn, durch Ableinen zum Schweigen gebracht, und wieder hinter die Tür verwiesen, wird die WG Gemeinschaft wieder munter, und Zeit für Otti, sich dem Frischbeziehen ausgiebig zu widmen. Auf gehts, Klappe, Otti, die Zweite.

Warum auch immer, hatte er strikt etwas dagegen, das die Matratzen ihre Schoner bekommen sollten, und boykottierte Mamas Bemühungen, die Dinger ordnungsgemäß festzuschnallen, nach Leibes Kräften. Rannte wie angestochen hin und her, grätschte aus vollem Lauf in Mamas Hände, schmiss sich lang hin, um anschließend sofort wieder los zu sprinten, und einen Versuch zu starten, mit einer Einlage von Purzelbäumen, Mama Zu beeindrucken, und abzulenken. Erfolglos natürlich! Was für ein Aufwand. Wenn ich nur an all die Anstrengungen des ganzen Manövers dachte, mir völlig unverständlich, und dann noch freiwillig, mir könnte das nicht mal im

Traume einfallen! Selbst wenn er die Matratzenschoner nicht so Leiden mochte, da kamen doch noch Laken drüber! Aber sportlich war er, das musste der Neid ihm lassen. Wo der bloß die Energie her nahm, also ich kann das nicht! Herr Bimmel konnte, oder wollte das auch nicht, hat sich lieber auf einem Stuhl platziert, sich einerseits bespaßen lassen, aber immer hoch konzentriert, bereit, jederzeit einzugreifen, sollten unfaire Mittel zum Einsatz kommen. Vielleicht hat er auch nur Punkte vergeben. Operation "Spannbettlaken" stand noch aus, wurde aber umgehend in Angriff genommen, sowohl von Mama, wie auch von Otti. Diesmal war es mehr ein Ausdruck der Freude seinerseits, dass er die Matratzenschoner nicht mehr sehen musste. Bevor Mama die letzte Ecke über die Matratze stülpen konnte, sie hatte allerdings puncto Schnellichkeit, Otti nichts entgegen zu setzen, nutzte der schnell nochmal die Gelegenheit drunter zu hüpfen, und eine Show abzuziehen, seine Paradedisziplin, "Toter Mann", Parkour laufen, sich Mamas Zugriff entziehen, usw.., das Übliche eben. Irgendwann hat Mama Es dann doch noch geschafft, glücklich, aber total erschöpft, ihre Mission "Betten", zuende zu bringen. Sie hätte eigentlich nur die Tür schließen brauchen, aber ich glaube, sie hatte selber eine Menge Spaß an der Sache, am "Zirkus Sarasani" für Arme.

Nur mit dem Zugeben haperte es mal wieder, das fällt ihr immer sehr sehr schwer.

Otti hat wieder zum Normalverhalten zurück gefunden, es sich, fest zusammengerollt, erstmal auf der frischen Bettdecke, gemütlich gemacht, und neue Kraft für den nächsten Auftritt gesammelt. Und er hat die ganze Zeit nicht einmal gehechelt! Er hechelt überhaupt nie. Ich sag Ja, sie waren Anders, eben doch merkwürdig. Ich hechele immer sofort, wenn ich mich etwas anstrenge, schon wenn mir nur zu warm wird.

Herr Bimmel und ich sind dann auch abgezogen, um ein chilliges Plätzchen aufzusuchen. Ich war alleine schon vom Zugucken Platt, und konnte mich nicht so recht entscheiden, ob ich nun neidisch sein sollte, Weil ich sowas nicht konnte, oder lieber froh, dass ich sowas nicht musste. Letztlich habe ich es eben so genommen wie es eben war, ohne es zu kategorisieren. Ich was also weder neidisch, noch froh, außer müde, war ich gar nichts. Auch gut. Müdigkeit wegschlafen, das konnte ich, sogar richtig gut!

Wenn Otti sich nicht gerade ausgiebig pflegt, Eigenbürstung, ondulieren der Barthaare, sonstige Wellnessprogrammpunkte abarbeitet, oder gerade ein Schläfchen macht, ist er ständig hinter Mama her.
Wie ein zweiter Schatten, direkt grenzwertig. Otti, der

Stalker! Und wehe, Mama schloss eine Tür hinter sich, dann mutiert Otti zur wandelnden Sirene. Der kann schreien, meckern, zetern, und heulen, ihm fehlt nur noch das Rundumlicht auf dem Kopf, und man sorgt sich ernsthaft, dass einem die Ohren abfallen könnten. Zur Unterstreichung seines so bescheiden und sinnig vorgetragenen Wunsches, trommelt er noch ausdauernd mit den Vorderpfoten, bevorzugt gegen Hohlkörper, um dem Schalleffekt noch ein wenig motivierend zu unterstützen, und in Schwingung zu setzen. Möchte bloß mal wissen, woher er die klangvollsten Objekte kennt.

Otti kann in sämtlichen Tonlagen plärren und krähen. Zutiefst beleidigt, höchst empört, tot traurig, zornig, und ganz besonders, herzergreifend wehleidig. Klagende Weisen schwingen dann durch die WG, berichten davon, dass unser Othello gerade im Herzschmerz gefangen, und soo unendlich traurig ist. Mama Fällt natürlich voll darauf rein, rast los, und bedauert das arme kleine Ottilein. Man fragt sich nur, wofür wird der denn nun bedauert? Aber so mag er das, das wollte er Ja nur, dem war jedes Mittel recht, um n sein Ziel zu gelangen, dem Halunken!

Herr Bimmel war da ganz anders, fast schon das Genaue Gegenteil. Viel überlegter, abwägend, bedächtig. Immer eher fein, bis, stellenweise vornehm zurückhaltend, und auch entschieden leiser in der Ansprache. Eben ganz der distinguierte Herr, ein wenig versnobt zu Weilen. Direkt angenehm und sympathisch auf eine Art, wenn da nur nicht die merkwürdigen Verhaltensweisen wären.

Ich selbst bin auch eher einer von der leisen Sorte. Ich grummle und grunze wohl mal, aber in einem wohlklingenden, angenehmen Timbre, der Umgebungslautstärke angepasst, das war ganz etwas Anderes. Obwohl, Mama behauptet, wenn man mich nicht sieht, nur hört, könnte sie Mich mindestens als drei verschiedene Tiere verkaufen.

Wenn ich eigentlich schon satt bin, aber noch auf ein kleines Appetithäppchen lauer, dann gurre ich wie ein fetter Täuberich, wenn ich mich gierig auf mein Fresschen stürze, schmatze ich, wie ein Ferkel am Trog, und wenn ich genussvoll schlemme, dann grunze ich wie eine ausgewachsene Wildsau. Sowas sagt Mama Mir. Ich überlege noch, ob ich beleidigt sein will, oder nicht. Das hängt ganz von der Art und Güte der Wiedergutmachungshäppchen ab. Ja, ich bin bestechlich! Man muss schließlich sehen, wo man bleibt.

Mama, und Papa haben sich etwas Neues ausgedacht. Sie wollen ihre (vermeintliche) Cleverness, gegen meine angeborene Intelligenz ausspielen.

Zweck der folgenden Übungen, sie wollen mir mein

höfliches Gebaren, meine Gastfreundlichkeit, beides ebenfalls angeboren, austreiben. Ich sollte erstens nicht mehr auf das Einlassbegehren unserer Besucher, und Dienstleister reagieren, sprich, das Klingeln einfach ignorieren, das wollen künftig ausschließlich Mama und Papa übernehmen, und zweitens, auf jegliche Art der Begrüßung, bei denen, denen Einlass gewährt wurde, verzichten. Ich sollte einfach irgendwo rumsitzen, auch noch stur sitzenbleiben, den Teilnahmslosen geben, und wie "Hein Doofie" vor mich hin starren. Welch ein Sittenverfall, ich bin dafür einfach nicht geboren, und nur fassungslos, ich sollte zum Flegel, zum Rüpel umgepolt werden! Die Grundform des guten Benehmens, die man schon jedem Kleinkind versucht einzubläuen, will man mir wieder aberziehen, mir gesellschaftlich den Boden quasi unter den Pfoten wegziehen? Wie gemein, und vor allem absurd, war das denn. Zumal ich nicht nur extrem wasserscheu, sondern auch ultra-extrem neugierig und kontaktfreudig bin, da kann man mich doch nicht plötzlich ausschließen, wo wir sowieso schon so selten Besuch bekommen! Und überhaupt, ich werde, also der Mops allgemein wird, ausdrücklich, als Familien- und Gesellschaftshund geführt. Ganz offiziell! Das geht so nicht, das kann man doch nicht machen! Beim nächsten Klingeln bin ich natürlich wieder zur Tür gelaufen, und war auch wieder Erster, wie immer! Und mit diesen alten, gewachsenen Sitten sollte nun auf einmal gebrochen werden, ausradieren wollte man sie!

Mama Sah sich sogar zum Äußersten gezwungen. Da ich im Guten nicht zur Einsicht zu bewegen sei, müssten jetzt Maßnahmen ergriffen, und mal wieder, andere Seiten aufgezogen werden. Oh Gott! Maßnahmen ergreifen hört sich alleine schon ungut an, und dann auch noch andere Seiten dazu. Sowas stimmt nachdenklich. Was mochte da auf mich zukommen, womit wollte man Mich gefügig machen? Jetzt bloß keine Panik aufkommen lassen. Schnell noch ein Mantra: "Mama ist kein Unmensch; Mama ist kein Unmensch........

Das Ganze entpuppte sich als harmlos. Es wurde eine Funkklingel angeschafft, eine Empfehlung von Herrn Rütter, anzuwenden zum Zwecke der Zermürbung des widerspenstigen Hundes, also wohl solcher Bestien wie ich eine zu sein schein.

Den Auslöser, mit dem der Klingelton aktiviert wurde, hatten Mama, Papa nun stets griffbereit, in unmittelbarer Nähe deponiert. Papa entdeckte plötzlich seinen längst verschollenen Spieltrieb wieder, das fröhliche Klingeling war eingeläutet. Die ersten Male bin ich noch losgespurtet, und habe erwartungsvoll vor der Tür gestanden, auf die Dinge harrend, also Leute, die da kommen sollten.

Es kam, wie es kommen musste, nämlich niemand.

Ich wunderte mich schon, dass meine beiden Zweibeiner so lässig und entspannt hocken blieben, und teilnahmslos in die Gegend guckten. Sonst springen sie doch auch immer gleich auf wenn es klingelt. Also wohl ein Klingelfehlalarm. Aber wieso wussten die Beiden das schon vorher? Lag es vielleicht daran, dass dieser Klingelton etwas Anders klang wie sonst? Als Onkel Jörg mal wieder vorbeischaute, klang sein Klingeln wie sonst auch immer. Klingelte es, nachdem Papa mit seinem neuen Spielzeug rumgefummelt hatte, klang es wieder Anders, und keiner kam. Ahaa! Schnell mal eins und eins zusammen gezählt, sowas rechne ich mal eben im Kopf, jedenfalls mit kleinen Zahlen, und schon war der Drops gelutscht, ich hatte den groß angekündigten Zauber entlarvt, den Fall gelöst. Vier fünf Mal habe ich mich vermopsen lassen, naja, vielleicht auch sechs sieben Mal, aber jetzt war es an der Zeit, dass **ich** mal andere Seiten aufzog. Künftig blieb auch ich, beim "Falschen" Klingelzeichen, ganz entspannt und cremig liegen, und habe ebenfalls ganz unverbindlich so im Zimmer rumgeschaut. Sowie aber der Originalton losging, war ich selbstverständlich der erster vor Ort.

Ich lasse mir doch nicht das Recht auf mein gutes

Benehmen absprechen! Selbstverständlich springe ich auch jeden Besucher an. Wie soll ich sonst meinen guten Willen zum Ausdruck bringen, dass ich zumindest ernsthaft bemüht bin, von Angesicht zu Angesicht meinen Willkommensgruß, meine Wertschätzung, anzubringen. Das war ja wohl das Mindeste! Hunde schütteln nun mal nicht die Hände. Obwohl, "Pfötchen geben" kann ich auch! Ich würde auch gerne ein "Küsschen" geben, komme aber leider nicht ran, nicht mal mit Hüpfen. Schade, ich bin untröstlich, bedaure es wirklich außerordentlich.

Die Funkklingel liegt inzwischen übrigens warm und trocken im Keller. Im Originalkarton. Mama will den Kaufpreis Herrn Rütter in Rechnung stellen, da der Tipp unbrauchbar, beziehungsweise nur bei doofen Hunden anwendbar sei.

Das meine Beiden, mich mit solch albernen, so leicht durchschaubaren Kinkerlitzchen überrumpeln wollten, enttäuscht mich wirklich maßlos. Ich bin auch, schon wieder mal, beleidigt. Mal sehen, im Kühlschrank liegt noch ein großes Stück Hackbraten! Für ein angemessenes Häppchen wäre ich eventuell geneigt, Mich versöhnlich zu zeigen, aber nur, wenn ich entscheide, wie groß das Häppchen sein muss, um als angemessen durch zu gehen.

Heute waren alle guter Dinge, Mama Machte ihren Kram, und trällert gutgelaunt dabei. Dieses Mal waren es mehr so Moritaten die sie zu Gehör bringt. Die kennt sie noch aus Kindertagen von ihren Großeltern, mütterlicherseits.

Das geht von: "Lina, Deine Wangen bleichen", über, "Es war einmal ein treuer Husar", bis, "Hoch auf dem gelben Wagen", und Andere. Mehr schaurig, wie schön, wo es doch eigentlich heißt: "Singe, wem Gesang gegeben"! Das entzieht Mama Ganz klar eindeutig die Lizenz zum Singen. Sie macht es trotzdem. Das Repertoire scheint unerschöpflich, genau wie die Sammlung der weisen Sprüchen. Sonst bevorzugt sie einen ganz anderen Musikstil. Nicht unbedingt immer das Neuste, aber doch wenigstens die Oldies but Goldies, Hits aus ihrer eigenen Sturm und Drang Zeit, wie sie es zu nennen pflegt.

Nach dem Verstummen der letzten Melodie, was es zumindest sein sollte, ging es auch schon los. Ab zum Strand, der Sonne entgegen. Ich hatte so gar keine Lust. Erstmal wieder der Aufstand ins Auto zu kommen. Mama war der Meinung, ich müsste da nun langsam mal mit Elan und Effet reinhüpfen. Ich finde es viel zu hoch, zu steil, und habe keine Lust Mich zu überanstrengen, schon gar nicht mit Effet!
Ich will reingetragen werden. Das will Mama Wieder

nicht, es sei ihr zu schwer, Mich fetten Klops Hoch zu hieven.

Schon wieder eine Beleidigung, gefolgt von endlosen Diskussionen....Mama stand da, klopft dauernd das Sitzpolster im Fond des Autos, und ruft immer: "Hopp Fiete, hopp, mach´ mal hopp Fiete".

Ich mache zwei drei lieblose Pseudo-Versuche, und gebe dann, völlig kraftlos und erschöpft auf. Letztendlich muss Papa Mich dann doch rein heben. Geht doch. Und warum nun nicht gleich so? War doch sowieso immer der gleiche Aufstand. Oder Ritual? Was hört sich besser an. Nochmal die Probe: "Wir zelebrieren am Auto immer das gleiche Ritual", Oder, "Wir machen am Auto immer den gleichen Aufstand". Nein, Ritual hört sich einfach besser an, nicht so assi.

Am Ziel kann ich gar nicht schnell genug wieder Raus Springen. Das schaffe ich natürlich spielend, das will ich ja auch schaffen!

Jetzt aber endlich an den Strand. Und Plötzlich, eine Wandlung, man könnte beinahe wieder an kleinere Wunder glauben, ich sprühe nur so vor Elan, Esprit, und, Effet habe ich erst, aber Holla die Wald Fee!

Ein Energiebündel pur.

Mama, Papa staunen mittelgroße Bauklötze über meine Metamorphose, vom eben noch behäbigen, bequemen Mops, zum, von jetzt auf gleich, quitschfidelen kleinen Springmöpschen. Ich kann sowas! Ohne Leine, da bin ich der reinste Sportmops. Vielleicht sollte ich mich mal zum offiziellen Mopsrennen in Hamburg anmelden. Ich sehe Mama und Papa direkt schon vor mir, wie sie, An den Banden stehen, mich wild gestikulierend, lauthals schreiend, anfeuern..Toll! Sieht aber trotzdem irgendwie komisch aus. Ich überlege es mir lieber noch einmal, man will sich schließlich nicht noch blamieren. Also nicht, dass ich mich etwa für Mama, und Papa schäme, eigentlich nicht, aber es sah einfach zu drollig vor meinem geistigen Auge aus. Papa springend, mit zum Himmel gereckten Fäusten, und Mama, bläst kräftig die Vuvuzela dazu, ein Überbleibsel der letzten Fußball WM, 2010. Hoffentlich bekomme ich dieses Bild jemals wieder aus meinem Schädel.

Am Strand tobte das Leben, das Hundeleben. Es war sonnig, aber noch nicht so warm, also noch kein Badetag, somit jede Menge Platz für die losgelassene Hundemeute. Und ich mitten drin. So viele Kumpel verschiedener Couleur, hatte ich noch nie versammelt gesehen. Keinerlei Aggressionen, Jeder konnte mit Jedem, man beschnüffelte sich, stellte sich kurz vor, manchmal auch in Grüppchen, um dann gleich wieder auseinander zu stoben, ausgelassene Sprints

hinzulegen, und aus lauter Freude und Übermut auch
mal ein Bellkonzert zum Besten zugeben, wo Viele
vor Begeisterung gleich mit einstimmten, und
anschließend wieder ihr Ding machten.

Die Jungs fingen Frisbeescheiben elegant aus der Luft,
hatten ihre Lieblingsbälle dabei, und apportierten das
obligatorische Stöckchen. Ich war schwer
beeindruckt. Meinen kleinen weichen Softball hatte
ich natürlich auch dabei. Tragen musste den aber Papa.
Mama, konnte sich das Nerven nicht mal an einem so
schönen Tag verkneifen. Wenn sie alles so gut könnte

wie Nerven, sie wäre das reinste Genie. Mit Zertifikat, Urkunde, und Auszeichnung!

Ich wollte doch nur mal so richtig mitmischen, bin mitgelaufen, je nach Größe und Beinlänge des Kumpels, auch nur hinterher, habe schon mal versucht einen Ball zu mopsen, kam aber nicht so gut an, bei Übergriffen auf das persönliche Eigentum hörte Spaß und Gemeinschaftssinn wohl doch auf. Auch gut, ich hatte zur Not Ja meinen Träger, mit meinem eigenen Equipment, dabei. Aber Mamas ständiges Gebölke! "Fiete lass´ das, das darf man doch nicht, komm´ mal her, komm´ zurück, Fiete, nicht so weit, kommst du wohl mal hierher". Zwischendurch donnerte Papa auch noch ein barsches "FIE-TE"! Aber mein Ohrenleiden, mein Ohrenleiden! Was soll ich machen, wo ich damit nun mal geschlagen war.

Meine "Regierung" hatte doch bloß wieder Panik, ich könnte auf nimmer wiedersehen stiften gehen, würde vielleicht einem Mitschnacker in die Arme laufen, oder sogar einem Hundefänger zum Opfer fallen, und für grausame Tierversuche missbraucht werden. Völlig überzogen mal wieder! Wohin soll ich hier schon groß laufen. Ringsum nur eine riesige Sandwüste, und dass ich mich in die Fluten schmeißen würde, um über die Ostsee ans andere

Ufer zu flüchten, konnte nun Ja wohl gleich zum Ad absurdum abgehakt werden. Solche Verdachtsmomente dürften doch gar nicht erst aufkommen. Wie oft soll ich es denn noch wiederholen? ICH BIN WASSERSCHEU! Ich würde mich lieber Mitschnacken lassen, bevor ich freiwillig in die Fluten gehe.

Diese Ruferei war andererseits auch ganz praktisch. Ich brauchte Mich nicht am laufenden Meter umzudrehen, um zu orten, wo die Beiden gerade steckten. Eigentlich eine ganz brauchbare

Orientierungshilfe, ich wollte sie doch auch nicht verlieren. Und dass ihre Verlustängste so groß waren, hat mir irgendwie auch ein gutes Gefühl gegeben.
Sie brauchten mich halt genauso, wie ich sie. Schöön!

"Vicco von Bülow", "Loriot", selbst Halter zweier Möpse gewesen, hatte es schon so trefflich formuliert, und auf den Punkt gebracht:

"Ein Leben ohne Mops ist möglich, aber sinnlos"!

Kurz und knackig, alles drin! Besser hätte ich es auch nicht vermitteln können.

Mama Konnte mein "Nein" nicht einfach so hinnehmen, und einfach mal akzeptieren, nein, sie musste mit Allen Mitteln versuchen, Mich doch noch umzustimmen, ein Bad in der Ostsee zu nehmen. Aber da konnte sie sich meinetwegen abmühen, bis, sie schwarz würde. Da lasse ich mich nicht mal durch Bestechungsversuche, mit den verlockendsten Luxus-Häppchen umstimmen. Nie nicht, niemals!
Völlig illusorisch…Mamas Vorstellungen!

Erstmal will ich ein Surfbrett haben, wenn ich überhaupt nochmal einen Gedanken in diese Richtung verschwenden soll. Wieso habe ich eigentlich noch Keines? Andere haben sowas doch auch! Alle haben sowas, nur ich nicht!

Jetzt aber hin zu dem großen Sandberg, den ich entdeckte, da wollte ich nun erstmal unbedingt rauf. Berge, klettern, **ja,...** Wasser, schwimmen, **nein**.....

Es war ein wirklich gigantischer Sandberg. Riesig! Nicht so ein mittlerer Haufen, sondern mehr schon eine Halde.

Ob die nun extra für mich aufgeschüttet wurde, kann ich nicht mit Bestimmtheit sagen, nehme ich aber mal an.

Natürlich sollte ich nicht da hin. Warum erwähne ich das überhaupt? Mama hat mal wieder Bedenken, und Papa war dieses Mal auch gegen Mich.

Aber was ein echter Gipfelstürmer ist, der sprintet blitzschnell trotzdem los. Ich habe es bis fast nach oben geschafft, bin im steilen Hang stehen geblieben, habe mich in Siegerpose geworfen, um meinen Mut, und mein Geschick, ausgiebig bewundern zu lassen. Auf dem letzten Stück zum Gipfel wurde es aber doch noch zum Fiasko. Der Sand gab nach und rutsche. Ich gleich ein ganzes Stück mit. Schreck lass´ nach. Mama Fotografierte schon, wohl damit sie schnell die Stelle wieder fand, falls ich tatsächlich verschüttet wurde, wo genau sie buddeln musste. Letztendlich ging es aber doch noch mal gut, ich kam ein wenig kleinlauter wieder ebenerdig an. Toll war es trotzdem!

Ich wurde wieder angeleint, nur damit Mama Mich so, besser Richtung Wasserkante dirigieren konnte. Hab´ ich doch gemerkt,…

…ich bin doch nicht blöd. Ab und an, kaufen schließlich auch wir etwas im Media Markt!

Bis ca. einen halben Meter davor hat sie es auch mit mir geschafft, wobei Schritt für Schritt, immer mehr, diesmal aber mir die Bedenken, große Bedenken, kamen. Wir blieben stehen, und plötzlich hatte Mama, eine ganz andere Stimme. Direkt unheimlich. Ich habe extra nochmal Hoch geschaut, ob sie es auch wirklich war.

Honigsüßer, melodischer Singsang, quoll sanft zwischen ihren Lippen hervor, der sich Tröpfchen bildend löste, und gülden perlend auf Mich hernieder schwebte.

"Fiete guck doch mal, wie toll ist das denn. Guck mal wie das Wasserle kommt, das ist gar nicht schlimm, das tut unserem Fiete nichts. Nur ganz schön ist das. Komm´ mein Fietielein, wir gehen noch ein bisschen näher ran, Mama auch".

Hilfe, Mama soll sofort wieder wie immer sprechen, auch ruhig rumnörgeln, meinetwegen auch meckerig, aber nicht honigsüß perlend!

Es war sowieso alles nur Schmuh! "Nürnberger Tand", nichts echt, auch das "Perlende" und "Güldene" nicht. Es war nur ein schändlicher, hinterfotziger Versuch, Mich dicht zu lullen, mit grober Arglist, und Hinterlist noch dazu, doch noch in das nasse Element zu treiben. Wenn Mama Etwas absolut will, war sie unbedingt, als gefährlich einzustufen, und mit Vorsicht zu genießen.

Mein inneres Flehen wurde erhört.

Das ging aber ratz fatz. Als ich meine Pfoten mit aller Kraft in den feuchten Sand stemmte, und auch nicht nur einen Millimeter vorwärts zu bewegen war, das Wasser leckte schließlich schon an meinen Pfoten, igitt, Gummistiefel hatte ich auch nicht an, da fand Mama ganz schnell ihre vertraute Tonlage, im Abgang mit ganz leichter Tendenz ins Rusche, von einer Sekunde auf die Andere, wieder. Mit einem "Dann eben nicht, du alter Schisser", war es dann auch überstanden. Was ein Glück! Warum Mama Mich nun unbedingt, partu ersäufen wollte, ich verstehe es nicht. Etwa eine späte Rache, Weil ich bei Tante Ulrike und Onkel Jörg, und auch noch in der Tierhandlung, hingestrullert hatte? Meine Güte…, das konnte man doch aufwischen, war doch alles wasserlöslich! Außerdem darf ich seitdem sowieso nirgends mehr mit hin, also nicht in geschlossene Räume. War doch wohl Strafe, und Beschneidung meiner Lebensqualität, genug.

Ich wurde wieder abgeleint. Nun sollte unbedingt noch mein Ball zum Einsatz kommen. Auch das noch.

Papa warf den Ball weg, ich sollte ihn zurück holen. Anstandshalber habe ich einen Augenblick mitgemacht. Was für ein Quatsch! Warum wirft Papa den Ball bloß erst weg, wenn er ihn doch gleich wieder haben will. Und dann auch noch, immer und immer wieder, aber selber zu faul hinterher zu latschen.

Ich soll aber! Das nenne ich Tyrannei in Reinkultur. Ich habe absolut keine Lust ihm ständig den Ball hinterher zutragen.

Papa hatte ihn doch bis eben auch, so nett und vorbildlich, selbst getragen. Kann er das nun nicht bis zu Hause durchziehen? Er konnte nicht. Ganz im Gegenteil, er hat sich richtig reingesteigert.

Mama fand, wir seien zu dicht am Wasser. Der Wind ginge, und der Ball wäre viel zu leicht. Papa hat das gleich mal in den Wind geschlagen, und fröhlich weiter gemacht. Der Ball flog natürlich prompt ins Wasser.

Ich bekomme heute noch einen innerlichen Lachkrampf, und mindestens einen Kringel mehr in meine Rute, wenn ich daran zurück denke. Ich, "Fiete-Wasserscheu", ich sollte den Ball doch tatsächlich aus den wilden Fluten retten.

Scheiß auf den Ball, ich will einen Neuen, ich habe ihn schließlich auch nicht reingeschmissen! Und wenn, hätte ich ihn auch nicht rausgeholt! Wer wollte den unbedingt Ballspiele machen?
Mama und Papa konnten auch "Komiker", ...toll!

Papa hat sich tatsächlich geopfert. Schuhe und Socken aus, Hose hochkrempeln, und hinein, in die eiskalte Ostsee. Es war richtig spannend, so mag ich Ballspiele auch!

Der kleine rotweiße Ball hüpfte immer weiter auf den Wellen Richtung offene See, und Papa watete und watete unermüdlich hinterher. Bis er ihn endlich zu fassen hatte, waren auch die gekrempelten Hosenbeine nass.
Und das alles, der ganze Aufriss, wegen eines kleinen Balls, für einen Euro und neunundsiebzig Cent, Festpreis! Fällt das auch schon unter "Geiz ist geil"?

Sonst war mir mein Ball durchaus sehr wichtig. Zu Hause trage ich ihn gerne im Maul mit rum, und auf meinem Rasen, da laufe ich zur Höchstform auf, mit Meinem Rot-Weißen.

Das Thema "Ball", war damit erledigt, wir gingen so noch ein paar Meter am Strand entlang. Ich fand nicht nur meine anfängliche Begeisterung wieder, sondern auch die tollsten Sachen. Halbe, vertrocknete Krebse, ein schön großer, skelettierter Fisch mit gut erhaltenem Kopf, fast schon mumifiziert, Schneckengehäuse, Muscheln, hübsche Steinchen, usw..... Ich war im Such- und Sammelfieber, habe extra noch ein wenig gebuddelt, ob vielleicht noch etwas Verschüttetes zutage zu fördern war. Bei vergammelten Fischköpfen mit Gräten dran, und auch bei den halben Krebsen, wurde Mama gleich wieder kalabrisch, und zählte, wie aus der Maschinenpistole geschossen, auf: "Nein, Stopp, Aus, Pfui, Zuu-rück, das ist Bäh". Was "Bäh" war, habe ich Bis heute nicht herausbekommen. Mut zur Lücke, sag´ ich da nur. Als ich völlig verdattert zu Mama aufschaute, der Fischkopf rechts, die Gräte mit Schwanz dran, links aus dem Maul hängend, sagte Mama nur, mit angewidertem Gesichtsausdruck, gib ab! Sie hatte aber nicht ihre Hand hingehalten, macht sie doch sonst immer, wenn sie unbedingt etwas von mir haben will. Wohin sollte ich das gute Stück denn nun hin geben? Eigentlich wollte ich es auch viel lieber behalten. Sollte Mama Sich doch selber so was

Besonderes suchen. Es war nämlich immer das Gleiche. Kaum habe ich mal etwas ganz ganz Tolles, will sie es sofort auch haben.

Ich war noch ganz in meinem archäologisch angehauchten Element wie etwas ganz Abscheuliches, auf mich zu kam. Der Boden vibrierte leicht, dann sah man sie auch schon aus der Ferne angeprescht kommen. Drei riesige Tiere, mit Beinen bis zum Hals, vorne jedenfalls, fliegender Mähne, in einem Tempo, als wäre der Teufel persönlich hinter ihnen her. Und jetzt kommt das wirklich Schlimme. Auf jedem der drei schönen Tiere hatte sich ein Zweibeiner einfach obendrauf gehockt, ihm grobe Lederriemen durch das Maul gefädelt, die sie auch noch stramm zogen, und sich daran festhielten. Was sagt man nun dazu, auf dem Tier drauf! Damit aber noch nicht genug. Um die Armen noch mehr anzutreiben, hatten sie auch noch Folterwerkzeuge im Einsatz. An den Hacken befestig, waren kleine Rädchen, mit silberfarbene Zacken, die sich auch noch drehen ließen, die wurden den Tieren in die Seiten gerammt, und dann noch einen Stock, mit dem sie auf die armen Viecher eindroschen. Weil sich mehrere Zuschauer versammelt hatten, die typischen Gaffer, trieben sie die drei Tiere dann auch noch in die Fluten! Die Aufsitzenden waren noch junge Mädel, aber Solche, mit knall engen Hosen, langschaftigen Stiefeln, und Käppi auf dem Kopf. Da weiß man doch gleich, was man von denen halten soll! Einfach erschreckend.

So Jung, und schon so gefühllos, herzlos, und eiskalt! Tierschinder! Einfach nur schlimm.

Und die Gaffer, die zückten auch noch begeistert ihre Handys, fotografierten das Galoppierende Elend. Aber Keinem fiel es ein, den Tierschutz, oder besser noch, die Kavallerie zu rufen. Am besten beide!

Mama, Papa auch nicht. Die haben selber nur Fotos gemacht, waren auch noch ganz verzückt, und ich, ich wusste gar nicht wohin, mit all meinem Mitleid, und meinem tief empfundenen Mitgefühl. Ich kam mir so hilflos vor.

Dazu noch diese Verunsicherung, und latente Angst, Weil Mama, bei dem Anblick so richtig Aufblühte. Also wenn sie **das** bei mir versucht, sich bei mir draufsetzten will, auch noch mit Pickern an den Hacken, und Peitsche, und ich soll auch noch galoppieren, dann, dann,....dann gehe ich doch ins Wasser, und paddle, wenn's sein muss, bis ans andere Ufer, quer durch die Fahrrinne der großen Pötte!

Zu Hause angekommen, war ich nur noch heilfroh, und mindestens genauso Platt, wie mein schönes, leicht vergammeltes Fundobjekt vom Strand. Ich hätten meinen Süßen Fisch so gerne mit genommen! Er hatte irgendwie noch so ein leichtes Lächeln auf den spröden Lippen, ich glaube es war eine "Sie". Mir wird ganz sentimental zu Mute.......wie sie wohl geheißen hat.........

Unsere Ausflüge nach Strande, haben mir immer sehr gefallen. Das Tolle war, auf der einen Seite der Strand und das Meer, auf der Anderen, weite Koppeln, auf der Pferde, Schafe, und Rinder standen. Für mich, riesige Tiere, und ich, Klein Fiete, nur durch ein paar gespannte Drähte von ihnen getrennt. Diese Einladung, diesen Wink mit dem Weidezaunpfahl, musste ich einfach annehmen. Am Strand brauche ich meist nicht an die Leine, wegen meiner naturgegebenen Grenze, dem Meer. Die Gelegenheit beim Schopf gepackt, und ab durch die Mitte, bzw. unter den Spanndrähten durch. Ging ganz locker. Ich landete auf der Koppel mit den Rindviechern. Noch nie war ich auf so einer großen Wiese, ein Gefühl von Freiheit pur! Ausgelassen, voller Lebensfreude, bin ich erst wild rumgerannt, um dann meinen Anstandsbesuch, bei den, in lockeren Grüppchen stehenden Gemischt-Bunten, anzutreten. Schon auf Sprint programmiert bekam ich mit, dass jenseits des Zaunes, ein Zwei Personenstück aufgeführt wurde, und bereits auf den Höhepunkt zusteuerte. Mama und Papa gaben sich die Ehre. Für den Moment war das spannender als meine Rinderherde. Papa stand mit einem Fuß auf dem unteren Draht, mit einem Knüppel drückte er den oberen Draht hoch, damit Mama unversehrt durchkrabbeln konnte. Papa machte eine ganz gute Figur, bei seine Siegerpose. Aber Mama wieder! Da gab es ganz klar Abzüge, wegen schlechter Haltung, in der B-Note. Warum sie bloß nicht einfach unterdurch geschlüpft ist, so wie ich? Immerhin, todesmutig war sie ja.

Natürlich war die Aufführung von wilden Gesten, und lauten Rufe, in meine Richtung, begleitet. Ich war aber nun mal auf der anderen Seite, einer ganz anderen Welt….und natürlich das alte Ohrenleiden!

Als ich mich wieder meinen kleinen Herde zuwandte,

hatte sich sowohl das Bild, als auch die Situation verändert. Das Grüppchen war nicht nur weiter zusammen gerückt, sondern auch weiter vor, auf mich zu. Irgendwie sahen sie jetzt gar nicht mehr so lieb und friedlich aus, auch wurden sie immer größer, je näher sie kamen. Sie blieben plötzlich stehen, tuschelten, flüsterten sich was ins Ohr. Was sollte das nun, sind die etwa hinterhältig? Das war mir dann doch unheimlich, und ich bin lieber wieder zurück.

Es war genau die richtige Entscheidung, im richtigen Moment. Die Viecher kamen tatsächlich hinter mir her, bis an den, unter Strom stehenden, Weidezaun. Dort blieben sie in Reih und Glied stehen, und glotzten mich ausdauernd und durchdringend an. Auf Freundschaft hatte ich jetzt keine Lust mehr.

Mama hatte es gerade endlich auf die andere Seite geschafft, als ich schon wieder zurück hüpfte. Ihr Rückzug war schon gar nicht mehr ganz so schlecht!

An einem Herbsttag, einem ziemlich Kalten, sind wir noch einmal an den Falckensteinerstrand gefahren. Alles sah ganz anders aus. Auch das war schön, aber mehr so:

Sturm und Wellen
Brandung -- Tosen
Grauer Himmel -- Wolken jagen
Möwen lachen -- schreien – gellen

Hunde
Gebell
Stöckchen fliegen
Apportieren
Nasses Fell

Menschen -- schweigsam
Warm verpackt
Stapfen -- Knirschen -- feuchter Sand
Herbst -- Spaziergang -- Ostseestrand

Schnell noch einen Happen Pappen futtern, und dann nur noch, mit Papa, ab auf die Couch, meinetwegen auch gleich ins Betti. Mir war alles egal. Von mir aus hätte, wer immer wollte, durch das Fenster vom Glotzomaten, direkt in unser Zimmer gucken können. Riesen Monstertiere, auch die "Anderen Leute". Mir schnurz, und völlig banane!

Unser nächster gemeinsamer Ausflug ging zur "Gänsewiese", an einen, inzwischen stillgelegten Seitenarm des Nord-Ostsee-Kanal, ganz in der Nähe meines Geburtshauses. Man könnte doch mal "Hallo" sagen. Ein Kurzbesuch bei meinen biologischen Eltern, und meinen allerersten Dosis. Mama, fand das zu aufdringlich. Typisch, wenn ich schon mal Ideen, und Lust auf was hatte.
Wäre es ihr Einfall, hätten wir selbstverständlich, alle brav mit gemusst. Hundertprozentig! So war sie, ich kenn´ doch Mama.

Es war ein sehr schönes und idyllisches Plätzchen. Ruhig, ein wenig abgeschieden, einigen großen Bäumen, und vielen kleinen Obstbäumchen.
 Alles auf einer bunten, fast noch naturbelassenen Wiese, auf der das Gras und andere Gräser manchmal sehr hoch stand, und auch Wilde Blumen und Blümchen noch blühen durften, weil nur unregelmäßig gemäht wurde.

Selbst der Löwenzahn und die Diestel hatten da ihre Lebensberechtigung.
Kleinere Mückenschwärme tanzten im Sonnenlicht.

Eine richtige Wiese, nicht einfach nur Rasen. Ein Stück weiter eine Brücke, die auf die

Schleusenanlage führte, auf der anderen Seite der Brücke, ein kleiner verschlafener Bootshafen mit Segelyachten, dessen Ende den Blick auf einen Abschnitt der Kieler Förde freigab, in die er mündete. Ein schmaler Wanderweg am Wasser längst, wo die große Schar Kanadagänse, zur Sommerzeit mit ihrem Nachwuchs, immer "Vorfahrt" hatten. Durch den ständigen, wenn auch mäßigen, Kontakt zu den Menschen, waren sie fast zahm, ließen sich füttern, kamen zum Betteln auch schon mal dicht ran, und ganz Forsche, die älteren "Haudegen", fraßen aus der Hand, ließen sich sogar anfassen. Selbst vor mir hatten sie keinen allzu großen Respekt. Beäugten Mich beim Näherkommen zwar aufmerksam bis, skeptisch, kamen aber. Die Gier, wohl auch die Neugier, war doch größer wie die Angst. Das mit der Gier kannte ich. Wenn sie ganz nahe kamen, war es mir schon ein wenig unheimlich. Die gaben ständig mit ihren Flügeln, und deren enormen Spannweite an. Dann waren sie richtig groß, Bestimmt, auch gefährlich.

Ich, Fiete, und die Gefiederten! Anscheinend eine never ending story.

Aber auch sonst, kreuchte, fleuchte, krabbelte und flatterte da so Einiges. Mir gefiel das. Außer der Gänse, war alles schön Klein und handlich. Die Gänsekinder aber auch, die fand ich auch noch süß. Sie watschelten so drollig, immer hinter ihren Eltern her, im Gänsemarsch eben. Die watschelten sogar mit in die Fluten. Freiwillig! Das sah so selbstverständlich, so leicht, entspannt und elegant aus, wie sie ihre Bahnen zogen, alle hintereinander, wie an einer unsichtbaren Schnur aufgereiht. Auf der Wasseroberfläche liefen die kleinen Bugwellen der Gänsefamilie, in sanften, immer größer werdenden

Bahnen, ganz allmählich aus. Wie gemalt, ein so schönes Bild. Ich war mal wieder schwer beeindruckt.

Mama und Papa hatten es sich an einem schattigen Plätzchen, unter den ausladenden Zweigen eines großen Ahornbaumes, die die Sonne aber doch hier und da durchblitzen ließen, gemütlich gemacht. Auf ihren Campingstühlen, halb liegend, halb sitzend, kleinen Klapphockern für die Beine, und einem kleinen Tischchen für das Nötigste, mitten in der Natur unter ihrem Bäumchen, gaben sie ein Bild der

Ruhe und Zufriedenheit, der Idylle und Harmonie ab. Ich glaube, in diesen Momenten waren sie auch, mit sich, und der Welt zufrieden. Ich schaute immer wieder gerne hin.

Papa schaute mit dem Fernglas auf den kleinen, einsehbaren Abschnitt des befahrenen Kanals, ließ die kleinen und großen Pötte, Segler und Ausflugsboote, seitlich an sich vorbei ziehen, die alle durch die Schleuse wollten, oder sie gerade passiert hatten. Kam gerade kein "Kanalfahrer" vorbei, war immer noch die kleine Personenfähre, die "Adler II", die unermüdlich den Kanal querte, zu beobachten.

Zwischendurch schlummerte er ein wenig, ging mit mir Gassi. Mama las viel, fotografierte, sorgte für unser leibliches Wohl, mit Butterbroten, Obst, Kaffee und Keksen, für mich gab es Hundekekse, manchmal auch ein Würstchen. Zur Not gab es noch ganz in der Nähe, die über hundert Jahre alte, Kiel-Holtenauer Traditionsschlachterei "Mogensen & Söhne", die neben all den vielen Spezialitäten, meist hausgemacht von Meisterhand, noch frisch auf geschmierte Wurstsemmeln, mit Wunsch-Belag, und abgebratenes Fleisch anbot. Auch ein Eis konnte man erstehen. Was will man mehr.

Ich konnte mich an einer langen Schleppleine recht frei bewegen. War Mama Unterwegs, habe ich meist ihren Stuhl besetzt, ihn extra für sie freigehalten. Reine Aufmerksamkeit von mir.   Oft habe ich mich auch zu Mama, und Papa in den Schatten gelegt, oder

auf den Schoß gesetzt, und mit ihnen das "tierische" Treiben beobachtet.

Dabei konnte man doch tatsächlich soziales, familiäres Verhalten bei den Gänsen ausmachen. Die kleinen Gänseküken wurden engmaschig von Tanten und Onkeln beaufsichtigt, während die Elterntiere zum Gründeln ins Wasser gingen.
Immer wiedermal, habe ich die kleineren Wiesenbewohner besucht. Leider waren sie sehr schreckhaft und scheu. Grashüpfer sprangen aufgeschreckt im hohen Bogen davon, Käfer krabbelten, so schnell sie nur konnten, vermeintlich um ihr Leben, die Bienen flogen zur nächsten Blüte, und die zarten Schmetterlinge flatterten auch nervös von dannen.
Anfangs bin ich hinterher gelaufen, aber es war zwecklos. Sie haben es einfach nicht verstanden. Ich war doch nur neugierig, und wollte nur spielen.

Abends fuhren wir zufrieden wieder nach Hause. Herr Bimmel und Othello hatten uns wohl schon vermisst, und begrüßten uns gleich An der Tür. Der Tag klang genauso harmonisch aus, wie er begann, einfach nur schön. Müde von der frischen Luft, und den vielen Eindrücken, gingen wir etwas früher schlafen. Ich habe es mir zwischen Mama und Papa ganz kuschelig gemacht, freute mich schon auf den nächsten Ausflug zur "Gänsewiese", fühlte mich sicher, geborgen und geliebt, war einfach froh, meinen Platz, meine kleine Familie gefunden zu haben.

Es waren genau die Richtigen, ich liebte ganz Doll zurück. Auch Herr Bimmel und Klein Othello, ganz besonders aber, Mama, und Papa!
Ich kann aus vollem Herzen sagen,

"Ich bin so glücklich und so froh,
wie der Mops im Paletot!"

Nachts hatte ich das Erlebte, die vielen neuen Eindrücke, wohl recht geräuschvoll verarbeitet. Mamas Hand kam rüber, streichelte Mich, im Halbschlaf murmelte Mama: Na mein Fiete, erzählst du noch ein bisschen von dem schönen Tag heute?
Ja so ist das eben,

"Wenn jemand eine Reise tut, so kann er was
erzählen."

....

....Also was ich unbedingt noch mal los werden wollte. Wir Möpse, Sind Ja nun einfach großartig, einzigartig, einfach nur toll und mega. Wir können mit Jedem, egal, ob Mensch, ob Tier. Sind robust, immer gut gelaunt, lustig, liebenswert, und treu sowieso. Ich bin da das beste Beispiel, für all diese Charakterzüge, und noch viele mehr!.......Nur Gute natürlich…..

Natürlich haben auch alle anderen, die ursprünglich vom Wolf abstammen, ihre Besonderheiten und Vorzüge, egal welche Rasse, oder auch nicht Rasse. Wenn ich da nur an meine ganzen Kumpel denke, alles super Burschen. Aber Mops, bleibt eben Mops. Irgendwie logisch.

Zum Abschluss möchte ich schnell noch zwei kleine Geschichten erzählen.

Eine, mit einem Mops, und eine, mit einer anderen Rasse.
Welche, weiß ich gar nicht, ist aber auch egal.....

Mopsi und "Herr Moppel"

Mopsi fühlt sich so allein

will nicht mehr alleine sein

und sie denkt darüber nach

was sie wohl am besten macht

sucht sie sich nun einen Mann

gerät sie vielleicht an den Falschen

kommt womöglich "auf den Hund"

kauft sie sich gleich einen Solchen

muss sie immer Gassi gehen

und spazieren gehen ist gesund

die Entscheidung ist gefallen

Mopsi sucht sich einem aus

ist doch nun

"Auf den Hund gekommen"

und weil er ihr so ähnlich sieht

holt sie sich einen Mops ins Haus

sie hat die rechte Wahl getroffen

Mopsi war jetzt überglücklich

mit dem kleinen Mops -"Herrn Moppel"

war `s zu Haus´

jetzt saugemütlich

wenn die Mopsi deftig kocht

isst "Herr Moppel" immer mit

beide lassen gar nichts aus

schlemmen - schmausen um Wette

und die Wirkung bleibt nicht aus

werden immer runder - dicker

geh 'n nur noch

wenn `s "Herrn Moppel" drängt

und äußerst ungern nur

vor `s Haus

alles machen sie gemeinsam

wie ein altes Ehepaar

"Herr Moppel" holt die Zeitung rein

Mopsi liest ihm daraus vor

er nimmt die Meldungen gelassen

spart sich jeden Kommentar

dann macht sie die Hausarbeit

er schaut gemütlich dabei zu

wenn es ihm zu hektisch wird

zieht er sich dezent zurück

haut sich einen Moment aufs Ohr

sucht Entspannung in der Ruh´

auch sonst hat alles Parallelen

was die Zwei des Tag `s so treiben

zum Alltag eines Eheleben

tag `s - das täglich´ Einerlei

abends etwas Fehrnseh sehen

ist Mopsi irgendwann schachmatt

macht sich zurecht

zum Schlafen geh `n

folgt "Herr Moppel" ihr gleich nach

ins "eheliche" Schlafgemach

die Mopsi ist rundum zufrieden

in ihrer neuen "Partnerschaft"

sie schau `n sich immer ähnlicher

können sich beide kaum noch drehen

in der Beweglichkeit behindert

rollen sie mehr - als dass sie gehen

raffen sie sich doch mal auf

man sieht die Zwei spazieren gehen

hört man - gleich hier und da Getuschel

die gleichen sich ja fast auf `s Haar

wenn er nur etwas größer wär´

könnte man es gar nicht sagen

was die Beiden nun verbindet

sind die Zwei nun Zwillinge

oder doch - ein Ehepaar

Die Erbtante

der Herr zu seinem Hunde spricht

benimm dich ja recht gut bei Tisch

wir werden heute heimgesucht

knurre - belle- bettle nicht

äußerst wichtig der Besuch

Tante Berta kommt ins Haus

Stress ist da gleich mit gebucht

alles muss zum Besten sein

sonst ist es mit der Erbschaft aus

es ist soweit - die Tür schlägt an

den Hund den quält es fürchterlich

dass er nicht Antwort geben kann

Tante Berta wird begrüßt

artig treten alle an

es wird geherzt es wird geküsst

doch dem Hund entgeht es nicht

sie hat den harten bösen Blick

auch strengt er sich erst gar nicht an

hat er für sich doch längst beschlossen

dass er sie nicht leiden kann

die Zeit verstreicht - es ist so weit

es wird das Abendbrot gereicht

alles ist hübsch eingedeckt

man zollt der Tante viel Respekt

man nimmt Platz

alles sitzt

nur der Hund - sitzt unterm Tisch

es missfällt ihm - äußerst - sehr

hier - - muss er doch sonst nicht her

das Messer wird ans Glas geschlagen

der Hausherr will jetzt etwas sagen

er schmeichelt - heuchelt - ist galant

man schaut verwundert in die Runde

wem mag sie gelten - diese Kunde

die Person - man kennt sie nicht

die - von der der Hausherr spricht

potz Blitz - wer hätte das gedacht

dass es Tante Berta ist

der er solch Avancen macht

immer hat er klar gesagt

dass er die Tante gar nicht mag

doch man hört grad wie er tönt

dass sie heut´ - die Tafel krönt

welch ein Charme er grad verschwendet

wie die Aussicht auf ein Erbe

einen Menschen doch verändert

nun geht das Festmahl richtig los

sie schlemmen - schwelgen - aus dem

Vollen

schlürfen - schmatzen - hemmungslos

nur an den armen Hund denkt keiner

die Düfte ziehen ihm in die Nase

von Keinem eine milde Gabe

und sein Hunger ist so groß

sein Magen knurrt - der darf doch nicht

der Hund denkt sich - so geht das nicht

der Herr - er hat es doch verboten

nicht bellen - knurren - keine Zoten

Tante Berta hebt die Stimme

Hohn und Spott liegt deutlich drinne

man lebe hier in Saus und Braus

am Gelde mangle es wohl nicht

was gegen eine Erbschaft spricht

und am Tisch

herrscht Totenstille

jetzt hält der Hund es nicht mehr aus

der Hunger nagt - Zorn hat er auch

er sinnt auf Rache - denkt an Raub

alles geht jetzt rasend schnell

spitze Schreie - und Gebell

Teller Tassen Messer Gabeln

was sie für ein Auftrieb haben

alles fliegt quer durch den Raum

der Hund erfüllt sich einen Traum

das Geschirr flog nicht alleine

es flogen auch die guten Gaben

mit denen sie beladen waren

der Hund - er findet `s richtig gut

dass solch geringer Kraftaufwand

gleich solche große Wirkung tut

fühlt sich - wie im Schlaraffenland

zog er –

doch nur ein einzig Mal

am Zipfel von des Tisches Tuch

die Aufregung ist riesen groß

kopflos rennt man kreuz und quer

kratzt die Soße von der Wand

pflückt vom Vorhang Heidelbeer´

selbst der Goldfisch - bleich vor Schreck

ein Raubtier schwimmt in seinem Glas

er hat den Hummer grad´ entdeckt

Tante Berta schreit und tobt

auf ihrem Dutt ein Rollmops thront

sie verlangt nach dem Notar

ein Testament sei änderbar

alles läuft jetzt aus dem Lot

der Hausherr wünscht sich - er wär´ tot

der letzte Pfennig ausgegeben

alles ist umsonst gewesen

das man beim Tantchen Eindruck macht

am Ende dann das Erbe lacht

nun hat es den Ruin gebracht

der Hund versteht die Hektik nicht

er fand es herrlich - ein Gedicht

satt - zufrieden - liegt er da

der Schlaf - er will ihn übermannen

er kämpft tapfer gegen an

weil das noch nicht alles war

er muss sie noch zufassen kriegen

dieses Aas - die Tante Berta

und da rauscht sie schon herein

reisefertig - hat auch das Gepäck dabei

stolziert erhaben Richtung Tür

spricht - mit krausem - spitzen Mund

erben tut ihr nichts von mir

der Hund

er mischt sich nochmal ein

schließlich will er Erbe sein

betrachtet Bertas dünnes Bein

denkt bei sich

was muss das muss

eigentlich bin ich schon satt

da ist aber nicht viel dran

da beiß´ ich trotzdem noch mal rein

kräftig hat er zugefasst

das hat die Tante umgebracht

stumm vor Schreck fiel sie tot um

ist nie mehr auf das Bein gekommen

das Testament blieb wie es war

der Herr Notar - er war nicht da

der Hund versteht die Menschen nicht

warum man jetzt so panisch ist

der böse Mensch - nun ist er tot

die Erbschaft hat sich auch gelohnt

und er denkt sich nur - na und

die Berta war doch selber Schuld

alles hat so seinen Grund

in Gewahrsam muss ich nicht

ich bin hier schließlich –

nur der Hund

....

. . . .